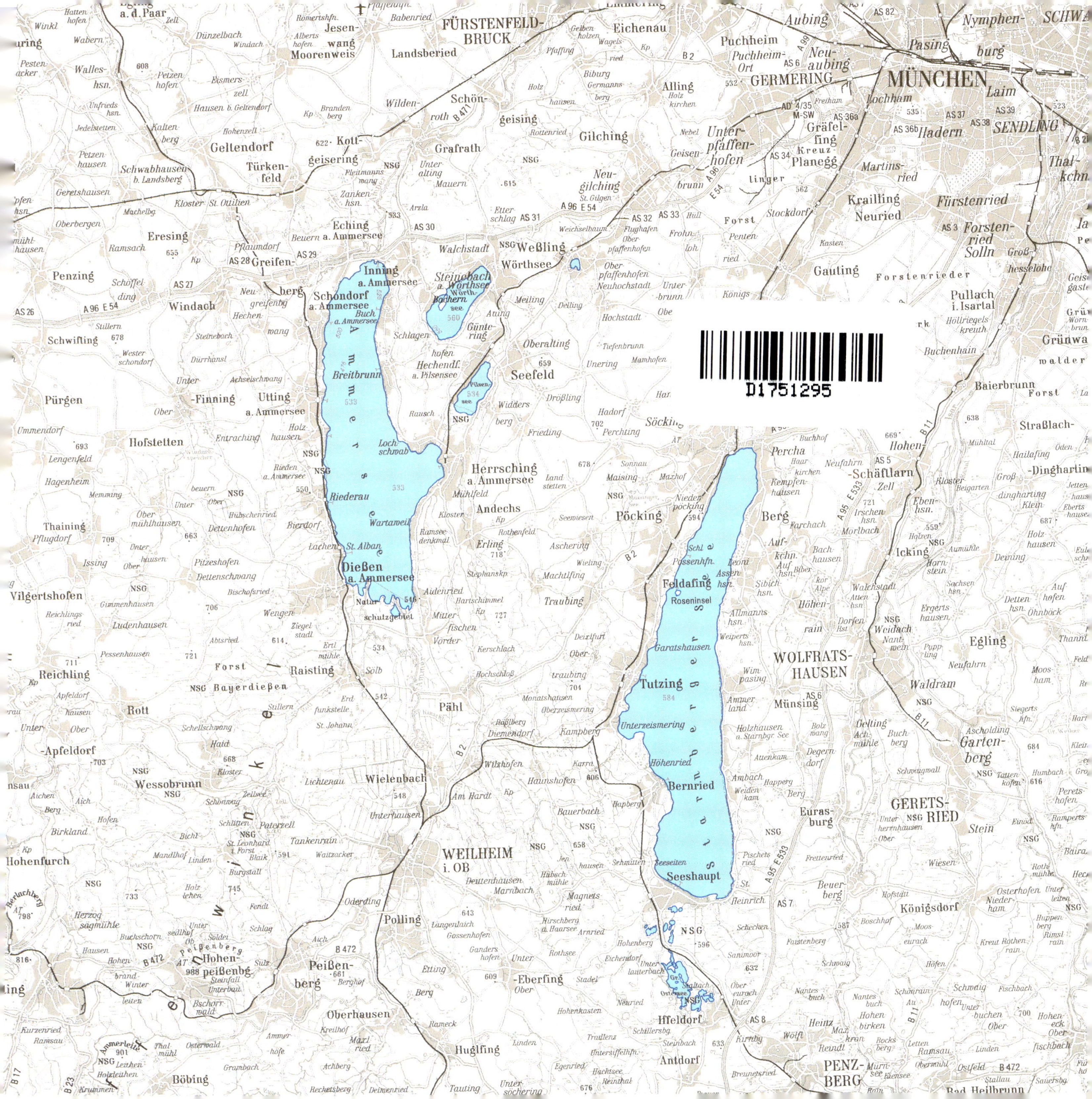
FÜRSTENFELD-BRUCK
MÜNCHEN
Pasing
Nymphenburg
Laim
SENDLING
Hadern
GERMERING
Puchheim
Aubing
Neuaubing
Eichenau
Gilching
Gräfelfing
Planegg
Martinsried
Krailling
Neuried
Fürstenried
Forstenried
Solln
Pullach i. Isartal
Grünwald
Gauting
Stockdorf
Weßling
Wörthsee
Seefeld
Herrsching a. Ammersee
Andechs
Inning a. Ammersee
Schondorf a. Ammersee
Utting a. Ammersee
Dießen a. Ammersee
Ammersee
Pilsensee
Wörthsee
Geltendorf
Türkenfeld
Greifenberg
Windach
Penzing
Landsberied
Moorenweis
Grafrath
Starnberger See
Pöcking
Feldafing
Roseninsel
Tutzing
Bernried
Seeshaupt
Berg
Percha
Icking
WOLFRATSHAUSEN
Münsing
GERETSRIED
Egling
Schäftlarn
Baierbrunn
Raisting
Pähl
Wielenbach
WEILHEIM i. OB
Polling
Peißenberg
Hohenpeißenberg
Wessobrunn
Rott
Reichling
Apfeldorf
Hohenfurch
Oberhausen
Huglfing
Eberfing
Iffeldorf
Antdorf
PENZBERG
Königsdorf
Eurasburg
Beuerberg
Böbing
Pfaffenwinkel

Franz X. Bogner
Fünfseenland aus der Luft

Franz X. Bogner

Fünfseenland aus der Luft

Starnberger See · Ammersee · Pilsensee
Wörthsee · Weßlinger See

BAYERLAND

Abbildungen auf dem Buchumschlag:

Hauptmotiv vorne: Blick über Berg auf den Starnberger See
Bildleiste vorne (von oben nach unten):
Roseninsel im Starnberger See, Marienmünster in Dießen am Ammersee, Osterseen, Schlossberg in Starnberg

Hauptmotiv hinten: Uferpartie am Ammersee
Bildleiste hinten (von oben nach unten):
Schloss Seefeld, Buchheim Museum in Bernried, Kloster Andechs, Uferpromenade und Kurpark in Herrsching

Bildnachweis:

Vorsätze
Übersichtskarte 1:200 000
© GeoBasis-DE/BKG 2011

Weiterführende Literatur:

Bogner, Franz X.: Ammer und Amper aus der Luft. Porträt einer Flusslandschaft. Dachau 2009.

Bülow, Werner: Der Wörthsee und seine Umgebung im Wandel der Zeiten. Waakirchen, 1998.

Dietrich, Dagmar: Ehem. Augustiner-Chorherren-Stift Diessen am Ammersee. München/Zürich 1986.

Göttler, Norbert: An Ammer und Amper: Dachau ³2004.

Klemenz, Birgitta: Wallfahrtskirche Andechs. München 2005.

Lehmann, Jakob: Zur Geschichte der Andechs-Meranier am Obermain. Lichtenfels 1963.

Reinlein, Erich Andreas: Der Letzte der Meranier, Herzog Otto II.; 1248 – Ende einer Hoffnung. Lichtenfels 1983.

Römmelt, Bernd: Fünfseenland und Pfaffenwinkel. Traumblicke im Münchner Süden. Rosenheim 2006.

Rore, Robert C. und Schäfer, Astrid (Hrsg.): StarnbergerSee-Skizzen. Bilder und Texte. Dachau 2008.

Schmid, Elmar D. und Heym, Sabine: Mathias und Anna Gasteiger. Aus einem Münchner Künstlerleben um 1900. Dachau 1985.

Schober, Gerhard: Frühe Villen und Landhäuser am Starnberger See. Zur Erinnerung an eine Kulturlandschaft. Waakirchen 1998.

Schober, Gerhard: Schlösser im Fünfseenland. Bayerische Adelssitze rund um den Starnberger See und den Ammersee. Waakirchen 2005.

Siepmann, Martin und Brigitta: Im Starnberger Fünfseenland. Dachau ²2002.

Webert, Anne. Der Ammersee. Vilsbiburg 2003.

Werner, Florian und König, Stefan: Der Ammersee. Wörthsee, Pilsensee und Weßlinger See. Weilheim 1991.

Wiechert, Hartmut: Fünfseenland: 36 Radwanderungen rund um den Starnberger See, Ammersee, Pilsensee, Wörthsee und Weßlinger See. Oberhaching 2006.

Einschlägige Artikel in der Online-Enzyklopädie Wikipedia und Homepages der Gemeinden.

Unser gesamtes lieferbares Programm und Informationen über Neuerscheinungen finden Sie unter www.bayerland.de

Verlag und Gesamtherstellung:
Druckerei und Verlagsanstalt »Bayerland« GmbH
85221 Dachau, Konrad-Adenauer-Straße 19

Alle Rechte der Verbreitung (einschl. Film, Funk und Fernsehen) sowie der fotomechanischen Wiedergabe und des auszugsweisen Nachdrucks vorbehalten.

© Druckerei und Verlagsanstalt »Bayerland« GmbH
85221 Dachau, 2011
Printed in Germany · ISBN 978-3-89251-425-1

INHALT

VORWORT 6

EIN ALMANACH 7

STARNBERGER SEE UND OSTERSEEN 15
Iffeldorf und die Osterseen 16
Starnberger See 21
Starnberger See · Ostufer 24
Die Würm 31
Starnberger See · Westufer 34
Starnberg 45
Zwischen Starnberger See und Ammersee 46

AMMERSEE 49
Im Hinterland des Ammersees 51
Der Ammersee 58
Ammersee · Westufer 62
Ammersee · Nordufer 70
Das Ampermoos 71
Herrsching 77

PILSENSEE · WÖRTHSEE · WESSLINGER SEE 79
Pilsensee 80
Wörthsee 89
Weßlinger See 94

NATUR- UND UMWELTSCHUTZ 99

Vorwort

Heute kennt jeder Google Earth, wohl jeder hat seinen Ort, sein Haus oder seine Straße schon einmal »ergoogelt«. Die Vogelperspektive des Luftbilds eröffnet uns daher keine ungewohnten Ansichten mehr. Sind die Luftbilder jedoch nicht nur technische Bilder, sondern sind sie spannend mit Licht komponiert, lässt uns ein Bild von oben immer genauer hinschauen. Vielleicht kennt man bereits den Ausspruch von Marcel Proust (1871–1922): »Eine wirkliche Entdeckungsreise besteht nicht darin, neue Landschaften zu entdecken, sondern darin, Altes mit neuen Augen zu sehen.« Fotografie ist heute etwas ganz Selbstverständliches geworden, das digitale Zeitalter macht es uns leicht. Dennoch sollten wir nicht vergessen, dass Fotografie nichts anderes heißt als »mit Licht schreiben« (φωσ = Licht, γραφειν = schreiben). Das sollte man durchaus wörtlich nehmen: Gute Fotografie erforderte nämlich auch früher schon mehr als das bloße Abbilden von Photonen über Silberchloridkristalle, sie bedarf des gekonnten Einsatzes eines sensiblen Lichtpinsels, der mit Farb- und Lichtkontrasten großartige Emotionen ins Bild bringt. In der digitalen Luftbildfotografie ist dies ebenfalls möglich, wenngleich schwieriger zu erreichen: Jeder Schatten ist aber letztlich auch hier ein Kind des Lichts.

Die Luftbildfotografie wäre schlichtweg unmöglich, könnte der Fotograf nicht in die Luft aufsteigen. Ein großer Dank gebührt daher meinen geduldigen Piloten, die meist in kurzfristiger Abstimmung und nicht selten zu frühester Stunde mit mir über die verschiedenen Seen flogen. Dies gilt insbesondere für Dieter Leutner und Schorsch Bachleitner, Reinhard Hierl und Schorsch Mederer. Mein zweiter großer Dank gehört den bewundernswerten Archivaren der Region, die immer wieder weiterhalfen, wenn Geschriebenes nicht ausreichend erschien. Der vorliegende Luftbildband erscheint innerhalb einer größeren Reihe von Kultur- und Natur-Luftbildbänden. Allen ist gemeinsam, dass sie die Schönheit einer Region vorstellen und auf diese Weise möglichst viele Menschen dafür sensibilisieren sollen. Die Schönheit einer Landschaft ist nichts Selbstverständliches, gerade im Fünfseenland bedarf es angesichts der erdrückenden Bevölkerungsdichte in der größeren Region unseres besonderen Engagements, dass die uns gegebene Natur auch als solche erhalten bleibt. Deshalb möchte ich mich nicht zuletzt bei der Verlagsanstalt »Bayerland« bedanken, die den nunmehr dritten Luftbildband der engeren Region herausbringt.

Viel Freude mit dem Ergebnis!

Franz X. Bogner

Ein Almanach

Das oberbayerische Fünfseenland ist eine überregional bekannte Region: Der Begriff steht für eine sanfte Moränenhügel-Landschaft mit einer harmonisch eingebetteten Seenlandschaft. Die beiden größten Seen – der Starnberger See und der Ammersee – sind dabei so dominant, dass sie Besucher von nah und fern anziehen. Die anderen drei – Pilsensee, Wörthsee und Weßlinger See – sind eher bei den Einheimischen bekannt, aber keinesfalls weniger attraktiv. Beim Starnberger See denkt man zudem fast selbstverständlich auch an die Osterseen. Streng genommen könnte man daher sogar vom Sechsseenland sprechen. Die bloße Zahl scheint also nach oben offen zu sein, könnte man doch den Maisinger See, den Deixfurter See, den Neusee, den Nußberger Weiher oder den Gallaweiher und manche mehr ebenfalls hinzunehmen. Dennoch wird es beim Namen des Fünfseenlands bleiben, zu erfolgreich wurde diese Dachmarke eingeführt und hat sich als solche bewährt.

Diese Seenlandschaft mit der attraktiven Bergumgebung ist heute ein äußerst beliebtes Naherholungsgebiet, sie steht aber zugleich für intakte Natur mit zahlreichen Schutzgebieten und erhaltenen Moorlandschaften. Urlauber kommen oft aus »naturverbrauchten« Regionen, für sie ist intakte Natur ein wertvolles Ferienziel, auch wenn sie für manche Einheimische etwas Selbstverständliches darstellt und daher nicht besonders wertvoll erscheint.

Alle Seen des Fünfseenlandes sind Kinder der letzten Eiszeit. Die Wissenschaft verwendet

Osterseen zwischen Iffeldorf und Seeshaupt (oben).
Das Würmmoos ist ein bereits verlandeter Teil des Starnberger Sees unmittelbar nach dem Austritt der Würm aus dem See (unten).

übrigens lieber den Begriff »Kaltzeit«, die letzte wurde nach der Würm benannt. Die zeitgleichen großen Vergletscherungen Nord- und Mitteleuropas haben andere Namen: Statt der Würm-Kaltzeit spricht man von der Weichsel-Kaltzeit. Damals lagen die Jahresmitteltemperaturen rund 10 Grad niedriger als heute. Die Würm ist ein 35 Kilometer langer Nebenfluss der Amper, der aus dem Starnberger See kommt und kurz unterhalb

Jedes Gewässer unterliegt einem Verlandungsszenario. Meist beginnt diese an den Rändern, insbesondere bei Flussmündungen. Kleine Inseln können jedoch ebenfalls solche Kristallisationspunkte sein, die helle Wasserfarbe zeigt die bereits flachen Stellen.

Dachaus mündet. Dafür musste die Würm eine doppelte Endmoräne (zwischen Leutstetten und dem Mühltal) durchbrechen und hat sich seither bis zu 50 Meter in den Untergrund eingegraben. Die Würm war es auch, nach welcher der See bis in die 1960er Jahre benannt wurde, der Starnberger See hieß früher nämlich Würmsee.

Dem Zeitraum seit der letzten Kaltzeit vor

Die Nutzungen des Seeufers haben eine lange Tradition. Die Verwendung großer Flächen für den Freizeitsport, wie hier im Golfplatz von Hohenpähl, geschieht erst seit relativ kurzer Zeit.

rund 10 000 Jahren hat man einen eigenen Namen gegeben: »Holozän«, wörtlich »das völlig Neue« (griech. ὅλος, »völlig« und καινος, »neu«). Es könnte aber durchaus sein, dass sich mit »Anthropozän« ein anderer Name durchsetzen wird, da der Mensch gegenwärtig das Antlitz der Erde massiv und gravierend beeinflusst. Obwohl für die gesamte Zeitspanne ein Name ver-

An manchen Orten kommt das Zählen der ankernden Boote einer langwierigen Fleißaufgabe gleich. Ein Boot sein Eigen zu nennen, ist eine Sache – einen Liegeplatz zu finden, offensichtlich eine andere.

wendet wird, waren die letzten 10 000 Jahre klimamäßig keineswegs homogen. Die sogenannte »Kleine Eiszeit« zwischen dem 15. und 19. Jahrhundert ist ein Beispiel einer markanten Abkühlung: So fror im 15. Jahrhundert die Ostsee zweimal zu, und auch die tiefverschneiten Winterlandschaften Flanderns in den Gemälden von Peter Bruegel (1525–1569) zeugen von heute undenkbaren Wetterverhältnissen. Andererseits deutet der Fundort des weltberühmten Mannes vom Hauslabjoch, allgemein bekannt als »Ötzi«, in rund 3200 Metern Höhe auf ein

Die Mündung der Ammer zeigt die Sedimentationskraft eines Zuflusses. Jedes Schmelzwasser aus den Bergen trägt besonders viele Schwebstoffe mit sich, auch weiterhin wird der Ammersee daher Millimeter um Millimeter kleiner werden.

vergleichsweise warmes Klima in der späten Jungsteinzeit vor mehr als 5000 Jahren hin. Die Warmzeit vor der letzten Würm-Kaltzeit hatte 11 000 Jahre gedauert, man nennt sie Eem-Warmzeit (nach einem kleinen Fluss in den Niederlanden). Aus Bohrkernen der Eifel weiß man, dass in ihrer Endphase 450 Jahre lang sämtliche Niederschläge ausblieben und sehr abrupt eine Steppe entstand. Unsere gegenwärtige Warmzeit dauert nun schon

Moore, wie hier das Ammersee-Moos, stehen heute gottlob unter Naturschutz. Trotzdem kann man ein solches Naturschutzgebiet nicht einfach sich selbst überlassen. Man möchte meist eine Verbuschung verhindern und investiert Jahr für Jahr einiges Geld für das regelmäßige Mähen von Moorwiesen.

gut 10 000 Jahre und wir befinden uns wohl in einem Interglazial, also einem Zeitraum zwischen zwei Kaltzeiten. Dies lädt naturgemäß zu Spekulationen ein, was wohl in den nächsten Jahrtausenden auf Europa zukommen könnte. Vor wenigen Jahrzehnten hatten sich diverse Zeitschriften zu spektakulären Fotomontagen auf ihren Titelbildern hinreißen lassen, die riesige Eisberge bis an die Frauenkirche Münchens heranrückten. Die Angst vor einer künftigen Eiszeit hat sich seither merklich beruhigt, das Anthropozän hat uns mit der globalen Klimaerwärmung inzwischen das gegenteilige Problem beschert. In den Alpen und im Alpenvorland schlägt nämlich der jüngste Klimawandel am meisten zu Buche. Seit nicht einmal achtzig Jahren sind hier die Durchschnittstemperaturen bereits um rund 1,6 Grad gestiegen, doppelt so stark wie im Flachland vor den Bergen. Ein augenfälliger Indikator des Wandels ist der Zugspitzgletscher: Noch vor hundertfünfzig Jahren bedeckte er rund 3 Quadratkilometer, heute ist er auf kümmerliche 0,3 Quadratkilometer zusammengeschmolzen (obwohl man ihn im Sommer sogar mit speziellen Planen abdeckt, um die wärmenden Sonnenstrahlen abzuhalten). In gerade einmal zwanzig Jahren wird er wohl verschwunden sein. Unsere Klimasünden haben die Alpen und das Alpenvorland erreicht!

Es herrscht Gedränge am Ufer. Nichts kann die Beliebtheit der Freizeitgestaltung auf dem Wasser besser verdeutlichen als die schiere Zahl der Boote auf den Seen. Wer nicht in einem Yachthafen oder an einem Anlegesteg festmachen kann, ankert zumindest in der Sommersaison in Ufernähe.

Starnberger See und Osterseen

IFFELDORF UND DIE OSTERSEEN

Die Osterseen haben ihren Namen wohl vom germanischen »ostan« im Sinne von »nach/im Osten«. Sie sind ein Geflecht von zwanzig größeren Einzelseen und rund fünfzehn namenlosen kleineren Seen. Zusammengenommen bringen sie es auf eine Fläche von rund 225 Hektar. Dabei sind sie meist sehr flach mit einer mittleren Tiefe von nicht einmal 10 Metern, jeweils nur wenige hundert Quadratmeter groß, sieben davon sind sehr flach und schon stark verlandet. Sie liegen rund 4 Meter höher als der Starnberger See. Gut 1000 Hektar sind heute unter Naturschutz gestellt, ein Drittel davon ist reine Wasserfläche, knapp die Hälfte entfällt auf Hoch-, Nieder- und Zwischenmoore. Das Osterseengebiet gilt als eine der größten und strukturreichsten Eiszerfallslandschaften des bayerischen Alpenvorlandes. Dort gibt es moorige und nährstoffarme Seen, aber auch Nieder-, Übergangs- und Hochmoore; es finden sich Moor- und Bruchwälder mit einer für heutige Verhältnisse erstaunlich großen Artenvielfalt. Die Osterseen sind als SPA-Gebiet (also als europäisches Vogelschutzgebiet) und FFH-Gebiet nach der Fauna-Flora-Habitat-Richtlinie gemeldet.

Die einzelnen Seen bildeten sich am Ende der letzten Eiszeit aus sogenannten Toteisseen; diese wiederum waren aus einzelnen Eisblöcken entstanden, die sich vom Isar-Loisach-Gletscher abgelöst hatten. Man muss sich dies als zahlreiche Toteisblöcke in einem Moränengebiet vorstellen, die beim Abschmelzen der großen Eismassen zunächst liegen blieben und mit dem Tauwasser zunehmend die Sen-

Die Osterseenplatte überrascht immer wieder mit seiner Formenvielfalt, Baumwuchs zeigt dem geschulten Beobachter den schon festeren Untergrund.

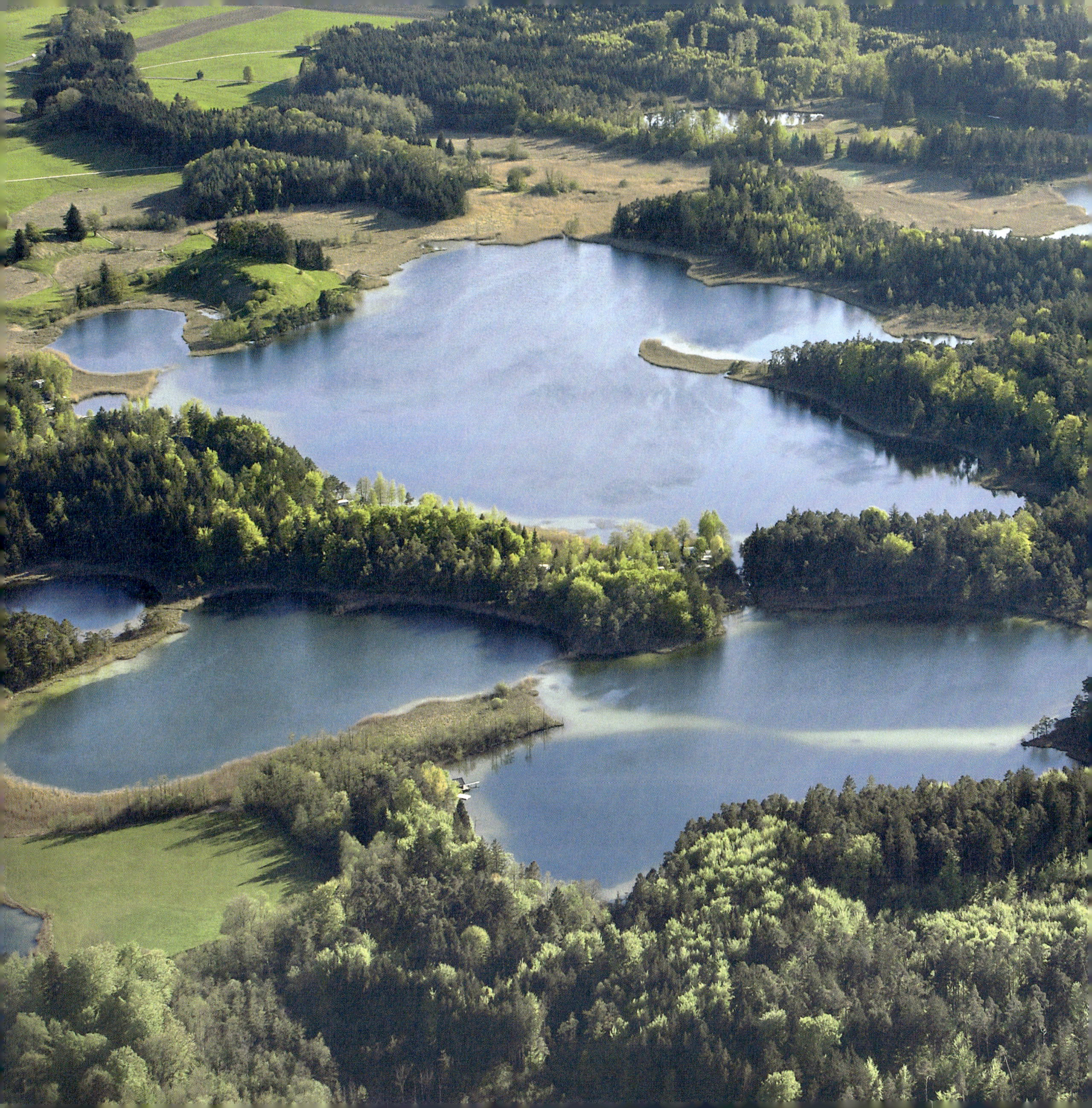

ken auffüllten. Zurück blieben zwanzig Seen und Tümpel, die in meist weitflächige Moore eingebettet sind und in der Regel miteinander in Verbindung stehen. Sie haben eine ähnliche Morphologie, weisen aber wegen des unterschiedlichen Grundwasserzustroms und unterschiedlicher Nährstoffbelastung ein breites Spektrum von Seentypen auf. Wesentliche Voraussetzung für die Entstehung und Erhaltung der Osterseen war die Abtrennung

Aus der Vogelperspektive ist leicht zu erkennen, wo das Wasser nur mehr seicht ist und der Verlandungsprozess vorangekommen ist (siehe auch Seite 17).

des Starnberger Sees von seinem ursprünglichen Zufluss, der Loisach. Dies war möglich geworden, als die nördliche Endmoräne des Wolfratshausener Sees durchbrochen wurde, wodurch der See langsam austrocknete. Gleichzeitig verlagerte dieser Durchbruch das gesamte Flusssystem der Loisach etwas weiter in Richtung Osten.

Die Hauptseenkette lässt sich in drei Gruppen einteilen: (1) Die Iffeldorfer Seengruppe umfasst die drei südlich gelegenen Grundwasserseen Waschsee, Schiffhüttensee und Sengsee sowie den Fohnsee. Alle diese

Kurz vor dem Eintritt des Ostersee-Ablaufes in den Starnberger See weist verstärkte Baum- und Buschvegetation auf festeren Boden hin.

Seen sind von Wiesen eingerahmt. (2) Die Mittlere- oder Osterseegruppe schließt den Großen Ostersee mit dem Östlichen und Westlichen Breitenauersee sowie dem Ameisensee ein. Ihre Wasserflächen sind größtenteils von Wald umgeben. (3) Die Seeshaupter Seengruppe fasst die vier nördlichen Seen zusammen (Stechsee, Gröbensee, Gartensee und Ursee) und zählt auch den Lustsee dazu; alle diese Seen sind entweder vom Wald und ausgedehnten Schilfflächen oder beidem umgeben. (4) Die Staltacher Seengruppe schließlich umfasst die Seitenkette, bestehend aus Fischkalter-, Bräuhaus- und Eishaussee sowie Herrensee. Andere Gliederungen nach Lage, Grundwasserzufluss oder ökologischen Gesichtspunkten sind ebenfalls möglich. Die große Vielfalt hydrologischer oder chemischer Eigenschaften bietet die solide Basis für vergleichende limnologische Studien.

Iffeldorf ist eine kleine Ortschaft im Süden der Ostersen, kann aber wohl auf neunhundert Jahre Geschichte zurückblicken. Heute leben rund 2500 Einwohner hier. Die Pfarrkirche St. Vitus in der Ortsmitte besticht mit zartem Rokokostuck von Wessobrunner Meistern. Die Heuwinklkapelle am Dorfrand ist eine beliebte Marienwallfahrtsstätte und ein Juwel barocker Baukunst. Sie war um 1700 gebaut worden, um eine spätgotische Madonna aufzunehmen, die immer mehr Pilger angezogen hatte.

Außerdem ist das Dorf Standort einer limnologischen Station der TU München. Ihr Arbeitsschwerpunkt liegt auf dem Gebiet

Weithin sichtbar auf einer Anhöhe etwas außerhalb von Iffeldorf steht das schmucke Wallfahrtskirchlein St. Maria im Heuwinkl (oben).
Iffeldorf liegt an einem der Ostersen und ist damit ein idealer Standort für die limnologische Station der TU München (unten).

des angewandten Gewässerschutzes. Bereits vor der Gründung der Station waren regelmäßige limnologische Praktika in Iffeldorf durchgeführt worden. Die Studenten wohnten damals auf dem Campingplatz, Boote für die Messfahrten bekam man von den ansässigen Fischereivereinen. Nachdem per Landtagsbeschluss Mittel für die Schaffung dreier limnologischer Stationen in Bayern bewilligt worden waren, konnte die neue Station in Iffeldorf 1987 eingeweiht werden, fünf Jahre später kam ein Erweiterungsbau hinzu. Heute steht eine gute Grundausstattung für limnologische Forschungen zur Verfügung, für Freilanduntersuchungen gibt es Boote und die erforderlichen Mess- und Probeentnahmegeräte.

STARNBERGER SEE

Der Starnberger See ist nach dem Chiemsee der zweitgrößte See Bayerns. Schon seine zungenförmige Gestalt deutet auf den Ursprung durch einen vergangenen Gletscher hin: Es war der Isar-Loisach-Gletscher, der in der letzten Vorlandvereisung (Würm-Kaltzeit) das Zungenbecken ausgehobelt hatte. Ursprünglich reichte das Becken sogar bis Leutstetten, der See hat seither durch Verlandung schon rund 3,5 Kilometer Länge eingebüßt.

Die Ausmaße sind trotzdem immer noch gewaltig: 21 Kilometer lang und 3 bis 5 Kilometer breit, die tiefste Stelle misst 127 Meter. Das Ungewöhnliche am Starnberger See ist der fehlende Zufluss. Für ein Gewässer dieser Größe ist dies sehr überraschend, schließlich verliert der See ständig Wasser über die Würm und die ganz normale Oberflächenverdunstung. Es müssen daher

Die Eintrittsstelle des Osterseewassers beim Campingplatz in Seeshaupt ist nicht zu übersehen.

unterirdische Quellen sein, die für ständigen Wassernachschub sorgen. Weniger bekannt dürfte vielen von uns sein, dass der Starnberger See erst seit 1962 so heißt; vorher hieß er schlicht Würmsee (oder noch früher Wirmsee).

Der Starnberger See war für die Münchner Herzöge und Kurfürsten eine beliebte Spielwiese ihrer steuergeldverschlingenden Prunksucht. Besonders Kurfürst Ferdinand Maria (1636–1679) wollte seiner italienischen Frau imponieren und ließ von venezianischen Schiffsbauern das Prunkschiff Bucentaur bauen. Das 30 Meter lange und 7,5 Meter breite Schiff ragte 5 Meter aus dem Wasser und war eine prachtvolle Kopie des Krönungsschiffes der venezianischen Dogen. Man hatte es ganz in den Landesfarben Weiß und Blau gehalten und wie ein schwimmendes Schloss eingerichtet. Es wurde aber nicht einmal hundert Jahre von der Münchner Hofgesellschaft genutzt. Ruderleute bedienten achtzig vergoldete Ruder, sechzehn Kanonen konnten Böllersalven feuern. Bis zu fünfhundert Gäste soll das Schiff getragen haben, wer zum ersten Mal kam, musste eine Seewassertaufe durch den Kurfürsten über sich ergehen lassen. Eine ganze Flotte weiterer Schiffen sorgte für den festlichen Rahmen: Es gab eine rote Galeere, ein Kammerherrenschiff, mehrere Küchenschiffe, ein Tafelgeschirrschiff und sogar ein eigenes Weinfass-Schiff. Das steuer-

Seeshaupt ist eine kleine Gemeinde am Südufer des Starnberger Sees (oben).
Das Dörfchen St. Heinrich nennt eines der ältesten Fischereianwesen am See sein Eigen (unten).

Seite 23:
Schloss Ammerland ist ein dreigeschossiger barocker Walmdachbau, zwei markante Zwiebel-Ecktürme schließen es seitlich ab.

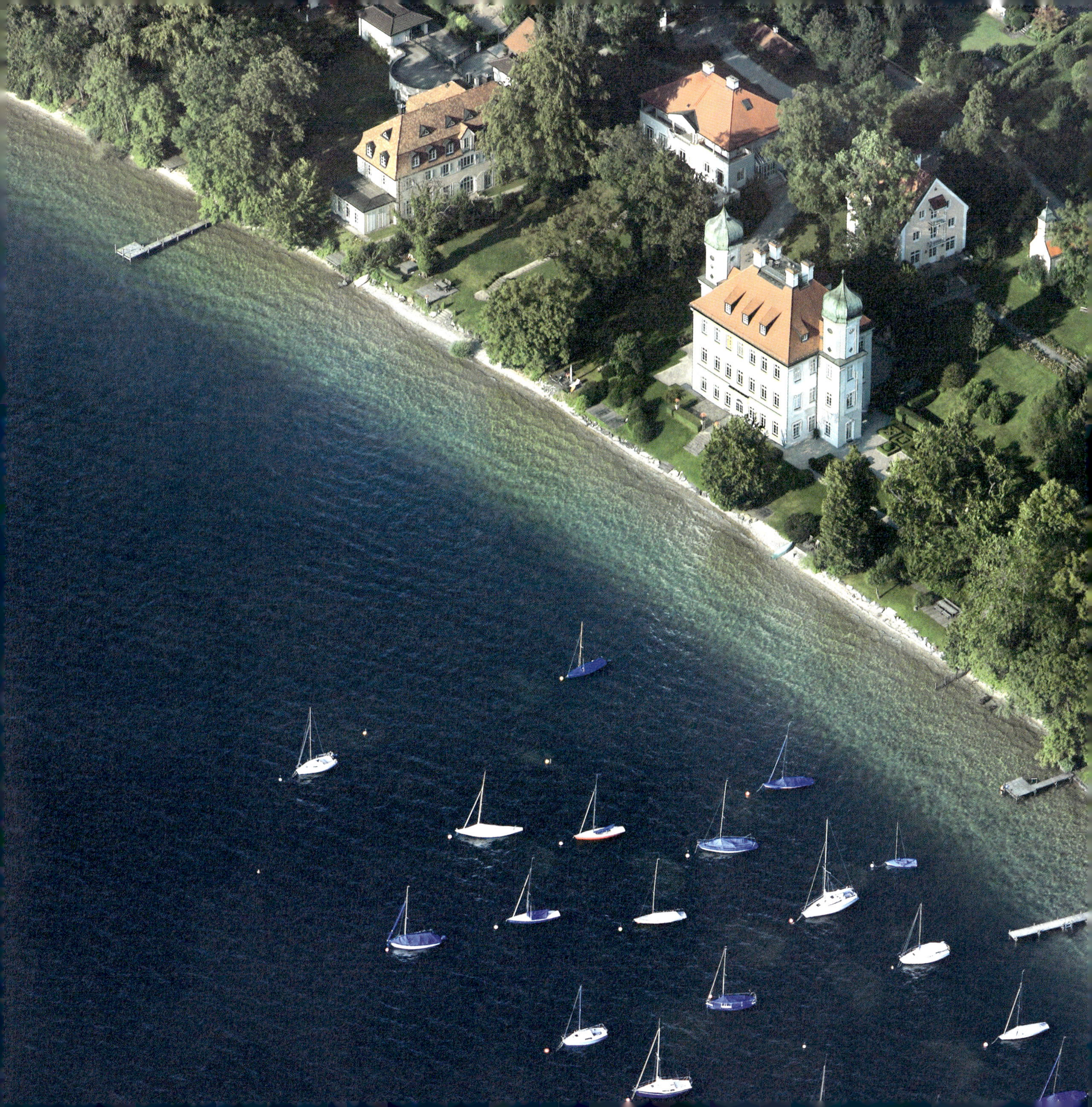

zahlende Volk blieb von dieser Fürstenpracht selbstverständlich ausgeschlossen, es durfte im Zweifelsfall hungern.

STARNBERGER SEE · OSTUFER

Seeshaupt gehörte gut 1000 Jahre immer einem der umliegenden Klöster. Nach der beispiellosen Enteignungsaktion der Säkularisation (1802) fiel man an das Kurfürstentum Bayern. Obwohl die Lage des Ortes mit seiner unmittelbaren Lage am See phänomenal ist, blieb Seeshaupt beschaulich und bietet sich zur Schwester am anderen Seeende, Starnberg, als Kontrast an.

Das benachbarte Dörfchen St. Heinrich war – wie die meisten Ortschaften am Starnberger See – ursprünglich ein Fischerdorf. Der Roman »Die Fischerrosl von St. Heinrich« des im späten 19. Jahrhundert äußerst beliebten Heimatschriftstellers Maximilian Schmidt, genannt Waldschmidt (1832–1919) setzt dieser Zeit ein literarisches Denkmal. Die Anregung für dieses Buch erhielt Schmidt von König Ludwig II. von Bayern, der sich das entstehende Werk kapitelweise nach Schloss Berg bringen ließ.

Wegen seiner Nähe zu München und selbstverständlich auch wegen der Nähe zum – zumindest im Sommer – am See ansässigen bayerischen Herrscherhaus zog es viele Adlige und Münchner Patrizier an das Seeufer. Zahlreiche Villen und Schlösser sind die architektonischen Zeugen dieser kleinen Völkerwanderung. Schloss Ammerland beispielsweise ließ ein Freisinger Bischof errichten, es diente als Sommersitz für die

Die Bismarcksäule in Assenhausen zeugt von der damaligen Euphorie für den deutschen Reichskanzler selbst mitten in Bayern, obwohl er dem bayerischen Königreich die Selbstständigkeit geraubt hatte.

Bischöfe, zumindest wenn sie aus dem Hause Wittelsbach kamen. Nicht regierungsberechtigte Kinder erhielten oft solche gut besoldete Stellen, meist mit massiver Unterstützung der regierenden Kurfürsten in München, die ihre Verwandtschaft versorgt sehen wollte. Später wurde das Schloss an Franz Graf von Pocci (1807–1876) verliehen, der sich neben seinem Hofamt als Zeichner und Dichter betätigte und die Figur des »Kasperl Larifari« schuf.

Im Nachbarort Leoni siedelte sich damals der königliche Baurat Johann Ulrich Himbsel (1787–1860) an, eine maßgebliche Persönlichkeit für die Erschließung des Sees. Um seinen Sommersitz schneller zu erreichen, ließ Himbsel das Dampfschiff für die Strecke Starnberg–Leoni bauen und später die Eisenbahnlinie München–Starnberg einrichten. Dadurch erst konnten die »Sommerfrischler« bequem an den See gelangen – und sie kamen in Scharen!

Die Ortschaft Berg ist überregional vor allem mit zwei Namen verbunden: mit dem Namen von König Ludwig II. von Bayern und Oskar Maria Graf. Ersterer verlebte hier viele Jahre seiner Kindheit und kam auch hier zu Tode. Oskar Maria Graf (1894–1967) dagegen wollte als 17-Jähriger der Enge des Dorfes entfliehen und in München Schriftsteller werden. Obwohl dies für einen Dorfbuben eigentlich ein unmögliches Unterfangen war, ist ihm dies nach langen schwierigen Hungerjahren vierzehn Jahre später auch gelungen,

Schloss Seeburg (oben) wurde um 1890 von einem neureichen Münchner Bauunternehmer errichtet. Es ging anschließend durch viele Hände, bevor es in bayerischen Staatsbesitz kam. Wie das ebenfalls dem Freistaat gehörende Schloss in Allmannshausen (unten) ist es gegenwärtig an ein christliches Missionswerk vermietet, welches dort Jugendfreizeiten veranstaltet.

und zwar mit seinem autobiografischen Werk »Wir sind Gefangene«. Während des Ersten Weltkrieges hatte er es mit einem Hungerstreik geschafft, zunächst ins Irrenhaus eingewiesen und dann als dienstuntauglich entlassen zu werden. Nach seinem literarischen Durchbruch 1927 schrieb er fleißig Bücher, zumindest bis die Nazis 1933 an die Macht kamen. Damals war er zunächst beleidigt, weil seine Bücher nicht gleich verbrannt wurden. Von Wien aus wetterte er: »Verbrennt mich! Nach meinem ganzen Leben und nach meinem ganzen Schreiben habe ich das Recht zu verlangen, dass meine Bücher der reinen Flamme des Scheiterhaufens überantwortet werden und nicht in die blutigen Hände und die verdorbenen Hirne der braunen Mordbande gelangen.« Ein Jahr später wurde tatsächlich eigens für Grafs Werke eine Bücherverbrennung angesetzt. Graf wurde ausgebürgert, er ging nach Prag und vier Jahre später in die USA. Nach dem Zweiten Weltkrieg kam er des Öfteren nach Deutschland zurück, nicht zuletzt, um zahlreiche Ehrungen entgegenzunehmen. In den USA soll er sich stets mit Lederhosen bekleidet gezeigt haben, um seine Verbundenheit mit Bayern auszudrücken. Dort, in New York, schrieb er auch sein heute noch bekanntestes Werk, »Das Leben meiner Mutter« (1940 englisch, 1946 deutsch), in dem er das harte Dasein der einfachen Menschen am Starnberger See anrührend schildert.
Ein einfaches Kreuz im Starnberger See – direkt vor der von seiner Mutter errichteten Gedächtniskapelle – markiert die Todesstelle König Ludwigs II. von Bayern (1845–1886). Nachdem vier Irrenärzte den König – ohne

Morgendliche Dunstschleier steigen über dem Ostufer des Starnberger Sees auf.

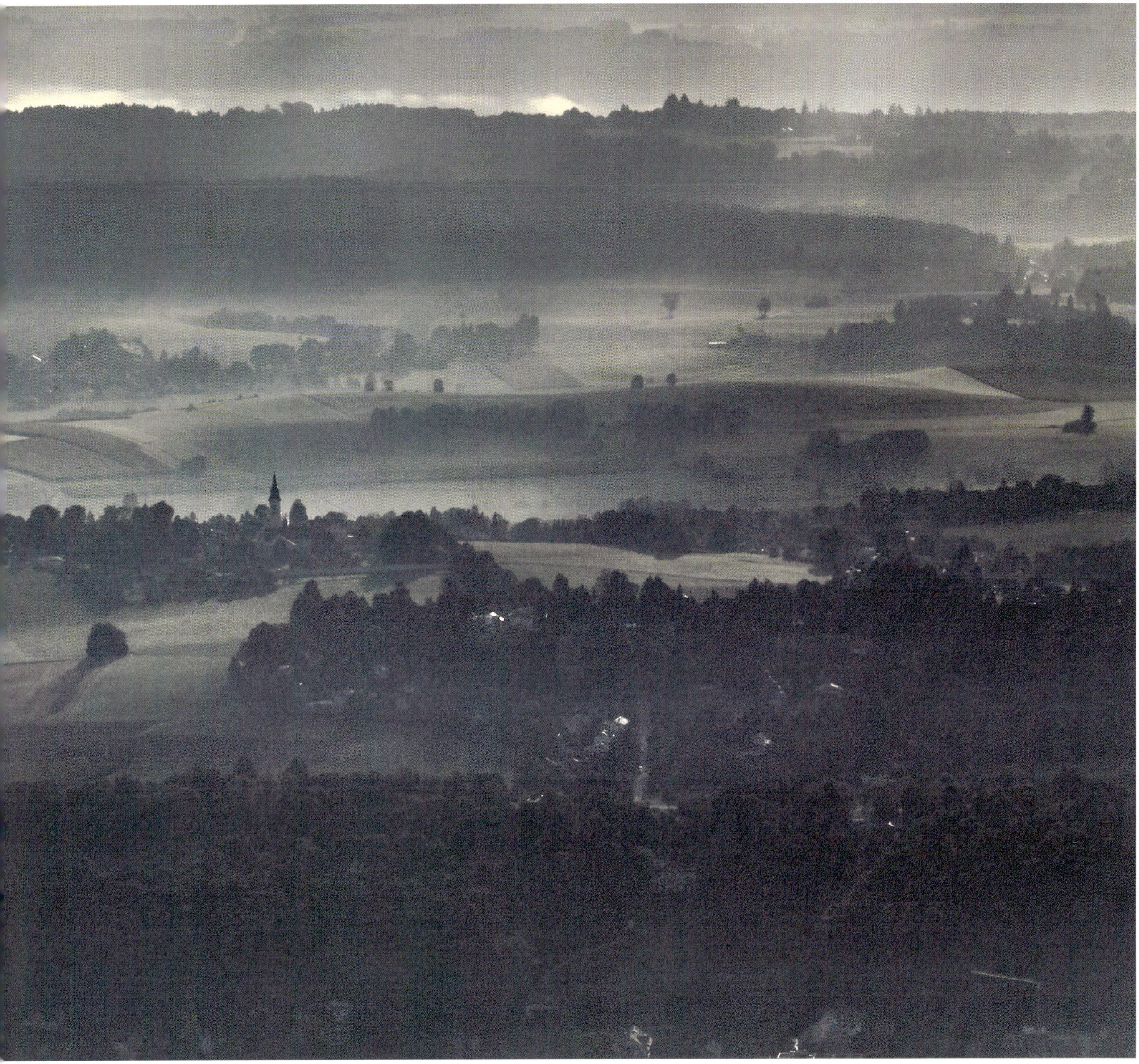

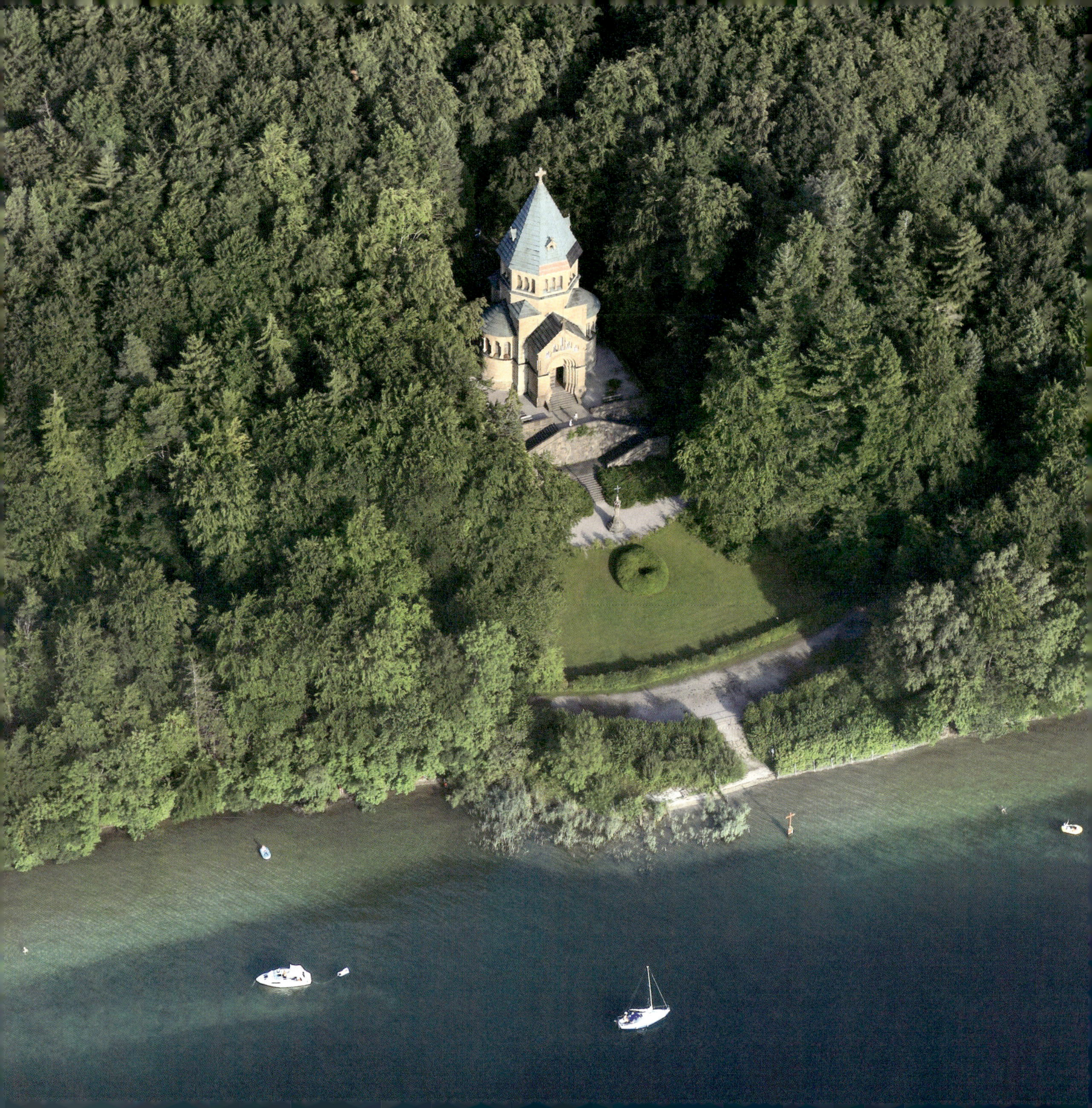

ihn als »Patienten« gesehen zu haben – für unmündig erklärt hatten, spielte sich hier in Berg das tödliche Drama ab. Der nasse Tod blieb ungeklärt und markierte gleichzeitig den Anfang vom Ende des bayerischen Königreichs. Ludwigs Onkel Luitpold (1821–1912) übernahm die Regentschaft, ohne sein Einverständnis hätten die Minister in München die skandalöse Absetzung niemals durchzusetzen gewagt. Trotz aller Jovialität kam Luitpold aber nie aus dem Schatten des entthronten Bayernkönigs heraus; zudem blieb immer der Geruch seiner Mitschuld am Tod Ludwigs II. an ihm haften. Konsequenterweise standen Luitpold weder die monarchische Titulatur noch ein Anspruch auf die Insignien zu. Sein Sohn Ludwig (1845–1921), der ihm 1912 als Prinzregent nachfolgte und erst 1913 als Ludwig III. den bayerischen Thron bestieg, war schließlich eh nur mehr der »Millibauer«: Er traute sich kein eigenes politisches Statement mehr zu, nachdem er 1896 vom deutschen Kaiser öffentlich gedemütigt worden war (weil er Bayern nicht als Vasall des Kaisers bezeichnet sehen wollte). Alle deutschen Aristokraten in ihren goldenen Käfigen wurden 1918 am Weltkriegsende vom demokratischen Volk völlig überrascht, König Ludwig III. war noch am Tag vor seiner überstürzten Flucht ahnungslos durch den Hofgarten flaniert. Er war der erste Monarch Deutschlands, der im November 1918 abgesetzt wurde. Für uns

Seite 28:
Die neuromanische Votivkapelle erinnert an den ungeklärten tragischen Tod König Ludwigs II. von Bayern, der Grundstein wurde anlässlich des zehnten Todestages im Juni 1896 gelegt.

In Schloss Berg verbrachte König Ludwig seine letzte Nacht. Von hier aus unternahm er den verhängnisvollen Spaziergang, von dem er nicht mehr zurückkehrte.

ist heute die Naivität unvorstellbar, in der damals die Aristokraten trotz der Millionen Kriegstoten ihre Traumtage gestalteten. Dennoch haderten die aristokratischen Nichtstuer noch Jahrzehnte mit sich und der Welt, dass ihre schöne Zeit so abrupt zu Ende gegangen war. Nicht selten endeten sie als stramme Nazis (wenigstens hierzu haben sich die Wittelsbacher nicht hinreißen lassen).

Das Malteserstift St. Josef in Percha wurde 1935 im Stil der Sachlichkeit mit Elementen des heimatgebundenen Bauens errichtet. Die um Höfe angeordnete Anlage mit der integrierten Kirche St. Bonaventura dient der Altenpflege.

DIE WÜRM

Zwischen Percha und Starnberg fließt die früher namengebende Würm aus dem Starnberger See. Gleich an ihrem Anfang hat sich eine regelrechte Wassersportsiedlung entwickelt, doch bald nachdem der kleine Fluss den Autobahnzubringer unterquert hat, verlieren sich die unmittelbaren Spuren menschlicher Ansiedelung. Die Würm durchfließt nun das

Die Würm entspringt aus dem Starnberger See, gleich am Flussanfang ist ein Bootshafen angelegt.

Naturschutzgebiet Leutstettener Moos, ein Niedermoor, das auf dem verlandeten Teil des Starnberger Sees entstanden ist. Das Moorgebiet befindet sich in weitgehend naturnahem Zustand, es gibt sogar einen Bruchwald, der bei hohem Wasserstand überflutet ist. Als Naturschutzmaßnahme werden die Mooswiesen regelmäßig gemäht, um ein Verbuschen zu verhindern und auf diese Weise ein Biotop für Orchideen und Schmetterlinge zu erhalten. Im Frühjahr dürfen Spaziergänger das Gebiet nur auf den Wegen begehen und auch die Fischerei ist

In ihren ersten Kilometern durchläuft die Würm das naturbelassene Würmmoos.

eingeschränkt: Das dient zum Schutz der in den Feuchtwiesen brütenden Vogelarten. Auch Teile des Unteren Schlosswaldes von Schloss Leutstetten gehören zum Schutzgebiet. Das Schloss befindet sich heute noch in Besitz der Wittelsbacher. Erworben hatte es Prinz Ludwig von Bayern, der spätere König Ludwig III. von Bayern. Auf den über 900 Hektar Grund des Schlossgutes hatte der Prinz ein fortschrittliches Mustergut eingerichtet.

Schloss Leutstetten im Würmtal war der Lieblingswohnort des letzten bayerischen Königs Ludwig III., dem man wegen seines ausgeprägten Interesses für die Landwirtschaft im Volksmund den Spitznamen »Millibauer« gegeben hatte.

STARNBERGER SEE · WESTUFER

Bis zur Mitte des 19. Jahrhunderts konnte man den Starnberger See von München aus nur mit der Kutsche oder dem Stellwagen erreichen. Erst König Maximilian II. genehmigte die Errichtung einer Eisenbahnlinie von München nach Starnberg (1854) und den Dampfschiffverkehr auf dem See (1851). Mit der Weiterführung der Eisenbahnlinie nach Tutzing (1865) und später über Bernried und

Ehemals »hochherrschaftliche« Villen säumen das Seeufer, wie hier in Seeseiten an der König-Ludwig-Straße. Das stattliche Landhaus wurde 1866 von Georg Dollmann für die Familie von der Pfordten erbaut.

Seeshaupt nach Penzberg wurde das Westufer zunehmend für den Fremdenverkehr erschlossen.

In der vorher fast ausschließlich agrarwirtschaftlich geprägten Gegend hatten vor allem Bauern, einige Handwerker und Fischer gelebt. Sie waren beispielsweise dem Kloster Bernried zinspflichtig. Vor knapp neunhundert Jahren als Augustiner-Chorherrenstift gegründet, war das Kloster St. Martin am See-

Während sich in Starnberg die Uferbebauung drängt, weist das Südwestufer noch viele freie Flächen auf. Das ist nicht zuletzt darauf zurückzuführen, dass die Parklandschaften dem Freistaat oder gemeinnützigen Stiftungen gehören und jedermann für Spaziergänge offenstehen.

ufer bis 1800 ein wirtschaftliches Kleinod. Heute ist es ein Kloster der Missions-Benediktinerinnen.

In die Schlagzeilen kam das Dorf Bernried in den 1990er Jahren, weil Lothar-Günther Buchheim (1918–2007) dort ein Museum der Phantasie errichtet haben wollte, nachdem sich seine Pläne für Feldafing zerschlagen hatten (ein Wunschstandort auf dem Gelände der Villa Maffei war in einem

Architektonisch wurde das Buchheim-Museum (oder wie der offizielle Name lautet: das Museum der Phantasie) von Olympia-Architekt Günter Behnisch einem Schiff nachempfunden. Es beherbergt die weltbekannte Expressionistensammlung des Malers und Schriftstellers Lothar-Günther Buchheim, die nach kontroverser Diskussion hier in Bernried einen spektakulären Standort fand.

Bürgerentscheid abgelehnt worden). Das Museum der Phantasie wurde nach langem Tauziehen doch noch Wirklichkeit, die Eröffnung im Mai 2001 erfuhr bundesweit große Beachtung. Buchheim war zeit seines Lebens ein leidenschaftlicher Kunstsammler gewesen, den meisten unter uns dürfte er jedoch wegen seines Buches »Das Boot« bekannt sein (darin hatte er seine persönlichen Erlebnisse als Kriegsberichterstatter auf U-Booten literarisch verarbeitet). Die Verfilmung des Buches brachte ihm internationales Renommee. Heute stellt das Museum eine beachtliche Sammlung namhafter Expressionisten aus; Werke von Erich Heckel (1883–1970), Emil Nolde (1867–1956), Ernst Ludwig Kirchner (1880–1936) oder Max Pechstein (1881–1955) beeindrucken mit kraftvollen Farben und impulsivem Strich. Das Museum will alle Sinne ansprechen und ein Dreiperspektiven-Erlebnis bieten: Natur, Kunst und Architektur sollen zusammenspielen. Gerade letzteres ist sehr symbolträchtig gelungen, wenn der spektakuläre Museumsbau aus dem Hang kommend in einen langen, über dem See schwebenden Steg überzugehen scheint.

Das nahe Tutzing ist ein ehemaliges, wenn auch tausendjähriges Fischerdorf. Es könnte schon zur Zeit der bajuwarischen Landnahme gegründet worden sein; der Ortsname verweist nämlich auf das Adelsgeschlecht der Huosi, das in der Lex Baiuvariorum des bayerischen Stammesherzogtums ausdrück-

Der siebenhundertjährigen Geschichte des Klosters Bernried (oben) als Augustiner-Chorherrenstift setzte erst die Säkularisation ein jähes Ende.
Der Ort Bernried gehörte damals als Teil einer geschlossenen Hofmark zum Kloster. Die im 18. und 19. Jahrhundert errichtete Vierflügelanlage an der Tutzinger Straße (unten) ist das ehemalige Hofgut.

lich genannt wurde. Viel später wurde aus Tutzing eine Hofmark, damit bezeichnete man einen Adelssitz mit Grundbesitz, der als bayerische Sonderform eine Art Staat im Staate war: Der Schlossherr hatte in seiner Hofmark erhebliche Sonderrechte, er durfte Steuern erheben und selbst Recht sprechen. Dies schloss jedoch nicht aus, dass es immer wieder Auseinandersetzungen um die Fischrechte gab – wie das beispielsweise in der »Tutzinger Fischerhochzeit«, einem seit 1929 alle fünf Jahre veranstalteten Festspiel, thematisiert wird. Im ehemaligen Schloss ist heute die Evangelische Akademie untergebracht.

Westlich von Tutzing wölbt sich die Ilkahöhe (726 Meter) auf, wegen ihrer exponierten Lage ein beliebter Aussichtspunkt: Nahezu das gesamte Panorama der Bayerischen Alpen scheint einem hier zu Füßen zu liegen. Als Seitenmoräne ist der Höhenzug ein Überbleibsel des Würmgletschers.

Schloss Garatshausen gehörte ursprünglich einem Münchner Patrizier; 1834 kaufte es Herzog Max in Bayern, der Vater der späteren Kaiserin Elisabeth von Österreich (1837–1898). Über seine Tochter Helene kam das Schloss 1887 an die Regensburger Familie Thurn und Taxis. Heute noch hisst man eine Fahne auf dem Dach, sobald die Fürstin sich hier aufhält. Das sogenannte »Neue Schloss« dagegen verkaufte die Fürstenfamilie an den Landkreis Starnberg, der in den ehedem hochherrschaftlichen Räumen ein Altenheim einrichtete.

Schloss Höhenried stammt erst aus den 1930er Jahren, mit seinem Bau hatte sich Wilhelmina Busch, Miterbin der amerikanischen Anheuser-Busch-Brauerei, einen großen Lebenswunsch erfüllt. Heute ist die Deutsche Rentenversicherung Bayern-Süd in dem repräsentativen Gebäude untergebracht.

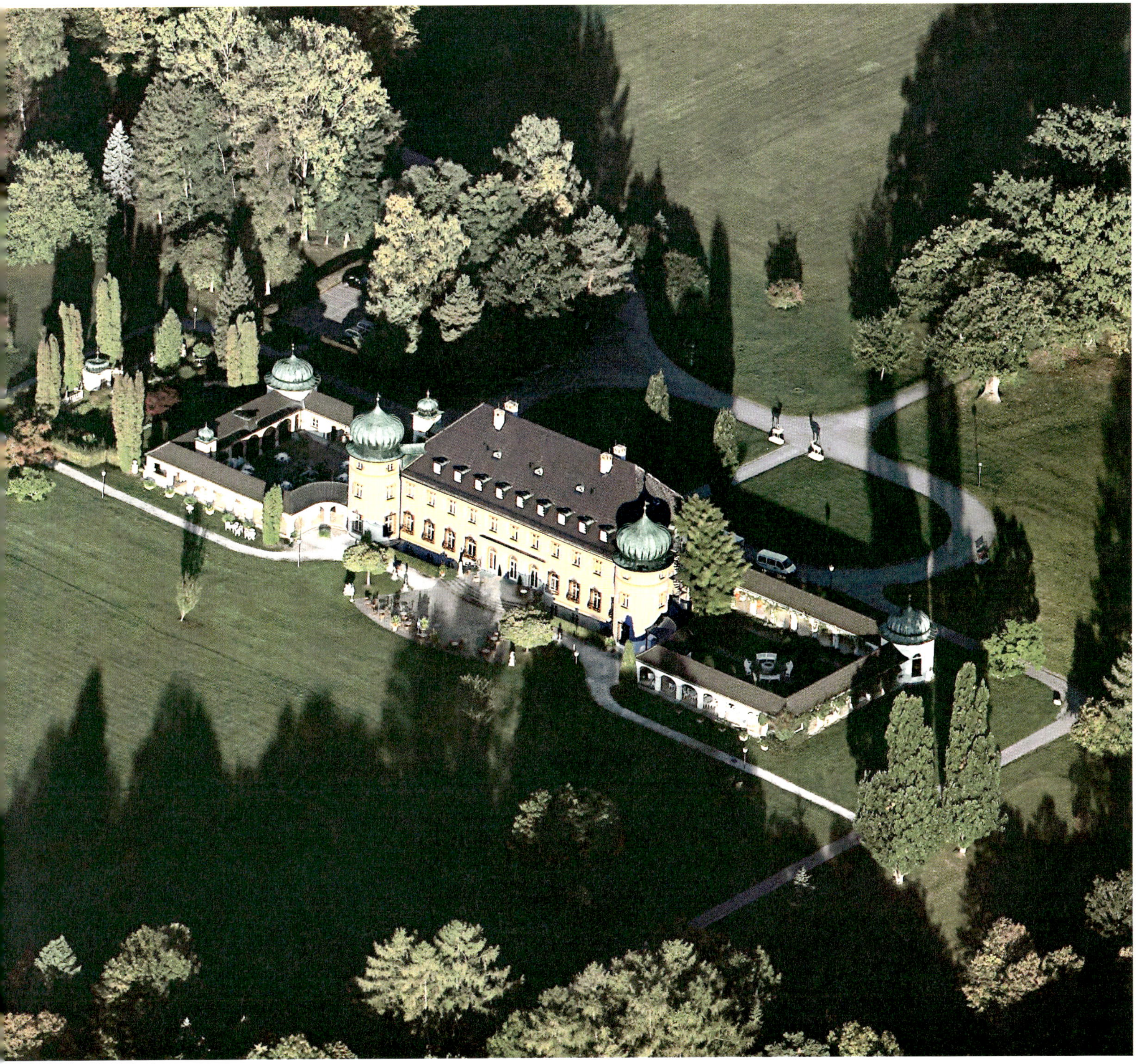

Feldafing besitzt eine Reihe prachtvoller Gründerzeitvillen, selbst das Bahnhofsgebäude ist im italienischen Villenstil gebaut. Nach Feldafing kam Kaiserin Elisabeth immer wieder zur Sommerfrische, wenn sie dem Hofzeremoniell in Wien entkommen wollte. Heute heißt das Haus bezeichnenderweise »Hotel Kaiserin Elisabeth«, im Garten erinnert eine Büste an die verehrte Besucherin. Der sogenannte Lenné-Park in Felda-

Tutzing hat einen Fisch im Wappen, die Seefischerei war lange Zeit der Haupterwerb der Einheimischen.

fing befindet sich im Besitz des Freistaates Bayern. Er wird zwar seit 1926 großteils vom Golfclub Feldafing als Golfplatz genutzt, doch Spaziergänger können dort ebenfalls ihrem Vergnügen nachgehen. Zur Vorgeschichte des Parks: König Maximilian II. von Bayern (1811–1864) hatte schon als Kronprinz nach einem Standort für ein repräsentatives Feriendomizil Ausschau gehalten, den er in Feldafing schließlich auch fand. Ab 1853 ließ er dort durch den Hofgärtendirektor Karl von Effner einen Park anlegen, den der Landschaftsarchitekt Peter Joseph Lenné nach englischem Vorbild entworfen hatte. Auf einer Anhöhe im Park sollte das prunkvolle Sommerschloss Maximilians errichtet werden. Das Fundament war bereits gemauert, als der frühe Tod des Königs die weitere Ausführung verhinderte.

Von diesem Park aus bietet sich ein hervorragender Blick auf die idyllische Roseninsel, die heute ebenfalls dem Freistaat gehört. 1834 war die Insel Wörth, wie sie damals hieß, von Kronprinz Maximilian II. für 3000 Gulden aufgekauft und in einen Rosen-Landschaftspark verwandelt worden. Damals hatten die Romantiker die Insel längst für sich entdeckt gehabt: »(...) groß genug wäre die Insel, um darin irgendeinen Kummer zu begraben, auch groß genug, zwei Herzen aufzunehmen, die jetzt in der süßesten und glücklichsten Schwärmerei ihrer Seelen nichts bedürfen als sich selbst und nichts wünschen als Gebü-

Schloss Garatshausen (oben) wurde um die Mitte des 16. Jahrhunderts als Adelssitz erbaut. Im späten 19. Jahrhundert errichtete man westlich davon das sogenannte »Neue Schloss«, für dessen Planung Max Schultze zuständig war, der Hausarchitekt des Hauses Thurn und Taxis.
Die Flotte der bayerischen Seenschifffahrt auf dem Starnberger See umfasst sechs Schiffe. Mehrere Routen decken den gesamten Seebereich ab (unten).

sche, ihr Glück vor den Augen des Neids zu verbergen.« Hier sollen denn auch romantische Rendezvous zwischen König Ludwig II. von Bayern und seiner Cousine Sisi (so wurde Kaiserin Elisabeth im Familienkreis genannt) stattgefunden haben. Nach Ludwigs

Die Insel Wörth im Starnberger See heißt gemeinhin Roseninsel. Dieser Name rührt von der Umgestaltung in den 1850er Jahren her, als König Maximilian II. von Bayern hier einen ovalen Rosenpark mit Hunderten von hochstämmigen Duftrosen anpflanzen ließ.

tragischem Tod an der anderen Uferseite 1886 ließ das Interesse an der Insel nach, das Casino verfiel und die Rosen verwelkten. Erst knapp ein Jahrhundert später erwarb der Freistaat Bayern die verwahrloste Roseninsel für immerhin 400 000 Euro Steuergeld vom Wittelsbacher Ausgleichsfonds, ein eigener Förderkreis »Roseninsel Starnberger See e.V.« unterstützte die anschließenden Planungen zur weitgehend originalgetreuen Restaurierung. Heute ist die Insel der Öffentlichkeit zugänglich und man hat damit offenbar den Nerv des Volkes getroffen: Bis zu 4000 Touristen finden in schönen Sommermonaten ihren Weg auf die Insel, die Überfahrt auf dem noch von Hand geruderten Fährboot dauert nur fünf Minuten.

Im wenige hundert Meter von Feldafing entfernten Schloss Possenhofen verbrachte Sisi als Kind regelmäßig die Sommermonate (aufgewachsen ist sie im Münchner Palais ihres Vaters). Als 15-Jährige wurde Elisabeth vom österreichischen Kaiser umworben; für ihn war eigentlich ihre drei Jahre ältere Schwester Helene zur Braut ausgesucht worden. Nicht einmal ein Jahr später fand die große Hochzeit in Wien statt, Elisabeth war hierzu an Bord des Raddampfers »Franz Joseph« nach Wien gereist. Doch die Ehe wurde nicht glücklich, das Thema wurde in den Sissy-Filmen der 1950er Jahre mit Romy Schneider in der Titelrolle ausgiebig filmisch aufgearbeitet.

Dort, wo Sisi gewiss auch das eine oder andere Mal eine Zehe ins Seewasser streckte,

Schloss Possenhofen ist dank Kaiserin Elisabeth von Österreich, die hier ihre Kindheit verbrachte, der wohl berühmteste Adelssitz im ganzen Fünfseenland. Heute sind Eigentumswohnungen in dem historischen Gebäude untergebracht.

planschen heute moderne Badenixen. Wie es dazu kam? Der gewerbsmäßige Badebetrieb am Starnberger See nahm bereits in der ersten Hälfte des 19. Jahrhunderts seinen Anfang. Damals hatte eine umtriebige Gesundheitsbewegung Wasser, Licht und Luft als gesundheitsfördernd entdeckt; das Schwimmen wurde als Mittel der Körperertüchtigung und das Baden allgemein als »Nerventonikum« empfohlen. 1837 öffnete das erste Starnberger Strandbad seine Türen und ab 1905 konnte man sich im »Undosa-Bad« gar in künstlich erzeugten Wellen wiegen. Wie in unseren Tagen scheint auch seinerzeit an schönen Sommertagen eine wahre Flut Sonnenhungriger aus der nahen Großstadt an den See herangeschwappt zu sein, um die »Badeanstalten« und die Freibäder der Seegemeinden zu bevölkern. In den Jahren nach dem Zweiten Weltkrieg wurden rund um den ganzen See, in Ambach und Percha/Kempfenhausen etwa, neue Erholungsgebiete mit Badestränden ausgewiesen. Tatsächlich bieten fast nur diese Seebäder dem Ausflügler, sollte er kein Hotelgast oder zu Besuch in einer der Seevillen sein, Zugang zum See. In Possenhofen aber gibt es eine ganz besonders »demokratische« Badegelegenheit. Das Schloss wurde im 20. Jahrhundert in Eigentumswohnungen umgewandelt. Damals erwarb die Stadt München in weiser Voraussicht und zum Wohle seiner Bürger den Schlosspark mit dem prachtvollen alten

Auch Segeln will gelernt sein. Durch die synchron ausgeführten Manöver der Boote einer Segelschule ergeben sich grafisch ansprechende Muster (oben).
Mitte des 19. Jahrhunderts entstand innerhalb weniger Jahre die Niederpöckinger Kolonie, eine der frühesten und bedeutendsten Villensiedlungen am Starnberger See. Die ehemalige Villa Zitzmann wurde allerdings erst 1923 gebaut und beherbergt heute eine DGB-Schulungsstätte (unten).

Baumbestand und richtete ein Erholungsgebiet ein, das den passenden Namen »Paradies« trägt.

STARNBERG

Nicht nur der Starnberger See hieß früher anders, auch Starnberg nannte sich anders: Es hieß Aheim am Würmsee. Über viele Jahrhunderte hinweg war der Ort ein kleines Fischerdorf. Es liegt übrigens genau auf

Die Rokokokirche St. Josef ist das katholische Zentrum Starnbergs. Die Kirche wurde gegenüber dem Schloss an der Stelle eines ehemaligen kurfürstlichen Sommerhauses erbaut, aus diesem Grund erstreckt sich heute noch ein kleiner, idyllischer Park zwischen Kirche und Schloss.

dem 48. Breitengrad. Erst im 19. Jahrhundert entwickelte sich Starnberg zum wichtigsten Ort am See, nachdem die Eisenbahn den Münchnern eine schnelle und bequeme Verbindung geschaffen hatte (wofür in München sogar ein eigener Seitenbahnhof geschaffen wurde, der sogenannte »Starnberger Flügelbahnhof«). Das Dorf Aheim überlebte dies nicht, es verlor sogar seinen Namen: Und in nicht einmal hundertfünfzig Jahren verzwanzigfachte sich die Einwohnerzahl! Zwar erinnert ein Gang durch den Ortskern noch an dörfliche Ursprünge, der massive Durchgangsverkehr belehrt jedoch schnell eines Besseren. Es ist nicht verwunderlich, dass man daher schon lange um einen Tunnel für die Bundesstraße oder zumindest eine Umgehungsstraße feilscht. Ein anderes Verkehrsproblem der Stadt hat die städtebauliche Wahl des Bahnhofsstandorts verursacht: Seit 1854 schneiden Eisenbahngleise den Ort vom See ab; der Grund für die Standortwahl waren schlicht die Kosten, da man den sumpfigen Uferbereich ohne teure Ablöse bereits bebauter Grundstücke übernehmen konnte.

ZWISCHEN STARNBERGER SEE UND AMMERSEE

Im Ortsbereich des benachbarten Pöcking liegt Seewiesen, überregional durch das Max-Planck-Institut für Ornithologie bekannt; ursprünglich war es als Max-Planck-Institut für Verhaltensphysiologie gegründet worden. Der Name Seewiesen wurde 1955 von den Gründungsdirektoren angeblich nach der

Das Schloss Starnberg ist ein steilgiebliger Vierflügelbau hoch über dem Ort. Es dient heute als repräsentatives Dienstgebäude des Finanzamts (oben).
Nahezu jeder Ort am Starnberger See besitzt einen Yachthafen, in dem meist kein Liegeplatz mehr frei ist (unten).

Struktur des umgebenden Geländes gewählt (was später immer wieder zu Verwechslungen mit anderen Orten führte). Das Institut, direkt am Eßsee gelegen, wurde im Jahr 1958 durch den Nobelpreisträger Otto Hahn eingeweiht. Es wurde für mehr als eine Dekade von Konrad Lorenz (1903–1989) geführt. Der Nobelpreisträger gilt als Hauptvertreter der evolutionären Erkenntnistheorie. Wohl jeder hat von seinem »Gänsekind Martina« gelesen oder gehört. Das MPI für Verhaltensphysiologie wurde im Jahr 1999 geschlossen. Seit 2004 gibt es hier das Max-Planck-Institut für

Der Maisinger See ist ein verlandender Stausee, dessen Ufer durchaus natürlich aussehen. Er gehörte ursprünglich dem Kloster Andechs und diente der Fischzucht.

Ornithologie, die Vogelwarte Radolfzell am Bodensee ist die zugehörige Außenstelle. Der Maisinger See zwischen dem Ammersee und dem Starnberger See mag natürlich aussehen, er wurde aber im 17. Jahrhundert von Mönchen des Kloster Andechs als Fischteich angelegt. Diese Funktion hat er heute noch, zumindest wird er regelmäßig abgefischt. Dennoch konnte sich über die Jahrhunderte ein einzigartiges Moorbiotop entwickeln, da von der ursprünglichen Wasserfläche bereits ein beachtlicher Teil verlandet ist. Der See ist vor allem an der Westseite vom Moor umgeben, sodass sich Vögel hier sicher fühlen. Selbst wer ansonsten gerne Verbotsschilder ignoriert, traut sich nicht an den See heran, zu tückisch ist der Schwingmoorboden. Vor allem im Herbst nutzen Zugvögel den See als willkommenen »Trittstein« während ihres Zugs nach Süden. Man hat insgesamt 143 verschiedene Arten gezählt, Brut- und Rastvogelgesellschaften eingeschlossen. Das Seegebiet ist zudem ein wichtiges Brutgebiet, selbst Hauben- und Schwarzhalstaucher, Rohrdommel, Wasserralle und Drosselrohrsänger brüten hier. Als jüngster Zuzug als Brutvogel gilt die Kolbenente. Immerhin ist das Seegebiet schon seit 1915 geschützt. Amtlich liest sich das folgendermaßen: »Verlandender See innerhalb der Grundmoränenzone des ehemaligen Würmsee-Gletschers, durch besonderen Vogelreichtum ausgezeichnet, insbesondere Brutkolonie der Lachmöve.«

Von Kloster Andechs wurde um 1912 im idyllisch gelegenen Rothenfeld eine Erziehungsanstalt erbaut. Heute ist dort eine Justizvollzugsanstalt untergebracht (oben).
Das MPI Seewiesen ist ein kleines Forscherdorf am Eßsee, errichtet in den 1950er Jahren. Es wurde unter anderen durch das »Gänsekind Martina« von Professor Konrad Lorenz berühmt (unten).

Ammersee

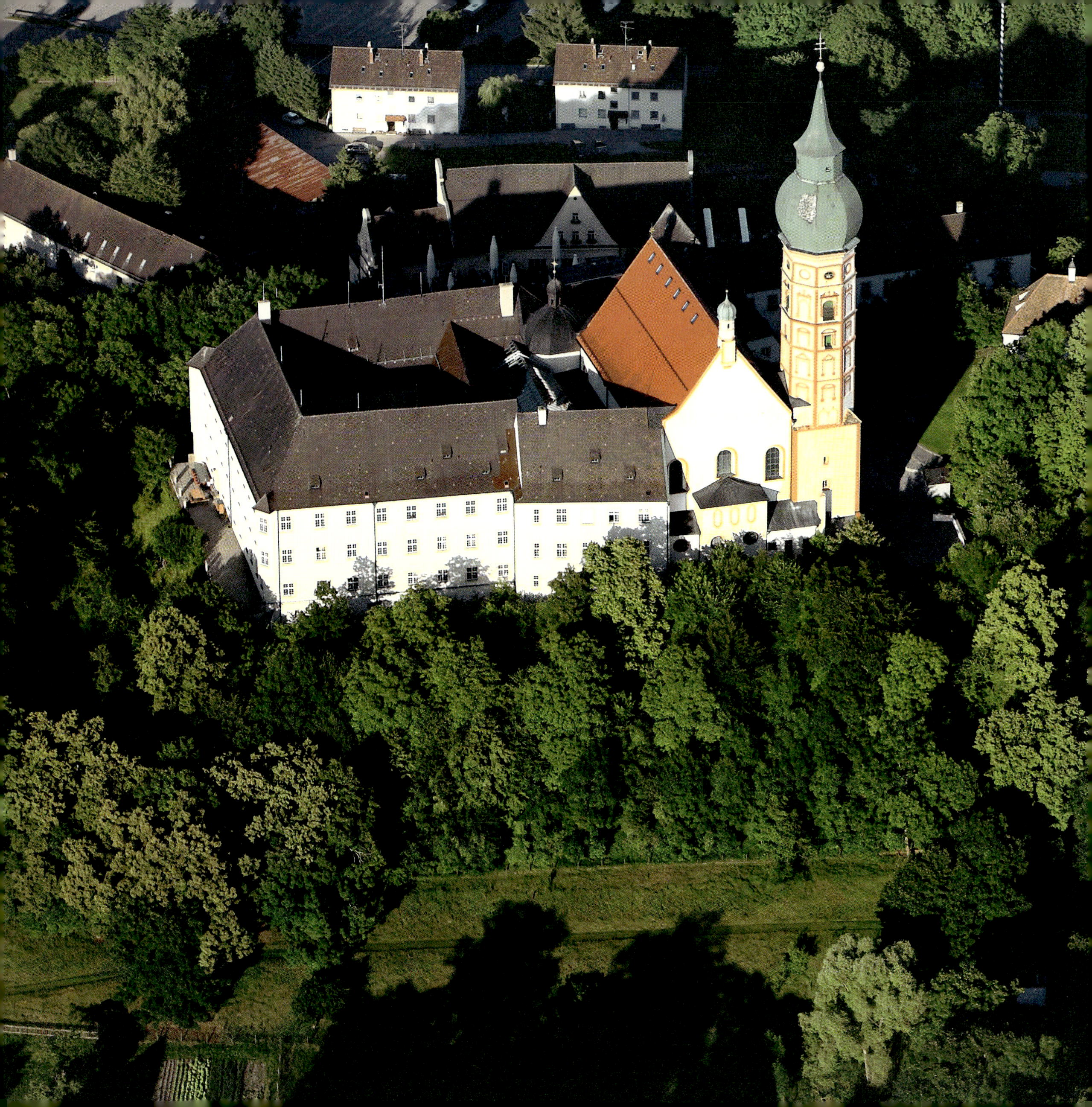

IM HINTERLAND DES AMMERSEES

Kloster Andechs ist der unbestrittene Heilige Berg Oberbayerns. Das war keinesfalls immer so. Im Hochmittelalter befand sich hier ein Zentrum weltlicher Macht: Andechs war Stammsitz der europaweit bedeutenden Grafen von Andechs und Herzöge von Meranien. Sie zählten zu den bedeutendsten und mächtigsten Adelsfamilien des Heiligen Römischen Reiches, beherrschten ausgedehnte Gebiete in den Alpen, kontrollierten unter anderem den Brenner, besaßen im heutigen Nordbayern fast ganz Oberfranken und an der Adria die große Markgrafschaft Meranien (Istrien). Man war mit den Königshäusern Europas verwandtschaftlich verbunden, man hatte sogar Heilige in der Großfamilie. Die Andechser waren geradezu prädestiniert dafür, mit dem Herzogtum Bayern belehnt zu werden. Der Kaiser wollte aber einer möglichst schwachen Dynastie das Sagen in Bayern geben, hatte er doch erst mit größter Mühe den Welfenherzog Heinrich den Löwen (1129–1195) in Bayern entmachten können. Aus diesen machtpolitischen Erwägungen überging Kaiser Barbarossa die Andechser bei der Lehensvergabe und belehnte 1180 die Wittelsbacher – eine kleine, weitgehend unbedeutende, aber loyale Familie – mit dem Herzogtum.

Der Stern der Andechser sank schnell. Genau auf dem Höhepunkt der Familiengeschichte, der Hochzeit des Andechser

Seite 50:
Kloster Andechs gilt heute als der Heilige Berg Oberbayerns. Hier hätte durchaus auch die Hauptstadt Bayerns liegen können, hätten die Wittelsbacher nicht die Grafen von Andechs-Meranien niedergerungen und sie dann überlebt.

Das Ostufer des Ammersees ist oft naturbelassen und frei von Siedlungen.

Familienoberhauptes mit der Enkelin Kaiser Friedrich Barbarossas und gleichzeitig der Erbin Burgunds, geschah das Unfassbare: Die Trauung durch den Bamberger Bischof (dem Bruder des Bräutigams) war kaum vollzogen, fiel der Vater der Braut, König Philipp von Schwaben und amtierender Kaiser des Deutschen Reiches, einem Mordanschlag zum Opfer. Der Mörder war zwar ein Cousin der herrschenden bayerischen Wittelsbacher, der bayerische Herzog erwies sich aber als meisterlicher Intrigant: Er konnte die eigene Familie vom Verdacht reinwaschen und stattdessen seinen Cousin als Komplizen des Bamberger Bischofs hinstellen! Und wirklich wurde die Familie Andechs-Meranien geächtet. Der bayerische Herzog konfiszierte alle Andechser Familiengüter in Bayern und gab sie nicht mehr heraus, auch nachdem sich seine ominösen Behauptungen als gelogen herausgestellt hatten. Keine fünfzig Jahre später gab es die Andechs-Meranier nicht mehr, der letzte Familienerbe wurde 1248 gerade einmal 24-jährig auf seiner Burg Niesten in der Fränkischen Schweiz von Unbekannten erschlagen. Ironie der Geschichte: Heute ist Andechs die Familienbegräbnisstätte der Wittelsbacher, der letztlich erfolgreichen Kontrahentendynastie.

Mit der Wiederentdeckung eines vergrabenen Reliquienschatzes, zu dem drei heilige Hostien gehörten, im Jahr 1388 wurde Andechs zum Wallfahrtsort und erlebte eine neue Blüte. Bald kam es zur Klostergründung; zunächst war man dem Dießener Chorherrenstift unterstellt, wenig später wurde man

Schloss Pähl ist ein alter Adelssitz, gut 100 Meter über dem Seespiegel und dem Ammergrund gelegen. Das heutige Hochschloss, im romantisierenden Burgstil errichtet, ist allerdings erst vor gut hundertzwanzig Jahren entstanden.

aber als Benediktinerkloster selbstständig. Damals entstand eine dreischiffige spätgotische Hallenkirche. Im Jahr 1669 legte zwar ein Blitzschlag Kirche und Kloster in Schutt und Asche, der Wiederaufbau ließ beide jedoch größer und schöner wiedererstehen. Für die Erweiterung und Erneuerung dieses Bauwerks in den 1750er Jahren konnte der schon betagte Meisterkünstler des Rokoko, Johann Baptist Zimmermann (1680–1758), gewonnen werden. Damals entstand ein wahres Kleinod der Kunst mit grandiosen Deckenfresken, die Bezug auf die Andechser Geschichte nehmen. Der sogenannte Andechser Heiligenhimmel über dem Altarraum zeigt zahlreiche Heilige, davon viele aus der Familie der Andechs-Meranier, bei der Verehrung der Dreihostienmonstranz. Die Deckenfresken im Mittelraum stellen die Himmelfahrt Christi und die Gnadenwirkung am Teich Bethesda dar, dem biblischen Ort der Krankenheilung. Des Weiteren werden die vier Kardinaltugenden: Gerechtigkeit, Klugheit, Tapferkeit und Maßhalten personifiziert; auch die göttlichen Tugenden Glaube (fides), Liebe (caritas) und Hoffnung (spes) dürfen nicht fehlen. Wenige Jahrzehnte später machte die bayerische Kulturrevolution dem Andechser Klosterleben ein jähes Ende: Das Kloster wurde »säkularisiert«. Diese persönliche Bereicherungsaktion des Münchner Kurfürsten hat bayernweit einen kulturellen Kahlschlag bewirkt, wie niemals vorher und gottlob niemals mehr seither. Kloster Andechs wurde gegen ein lächerliches Gebot von 23 000 Gulden an einen neureichen

Die Ortschaft Pähl (oben) kann stolz auf eine Nennung durch den letzten Agilolfingerherzog Tassilo III. verweisen.
Gut Kerschlach ist ein moderner Landwirtschaftsbetrieb, hervorgegangen aus einem Klostergut (unten).

böhmischen Investor verscherbelt, der es nach Strich und Faden ausbeutete. Vierzig Jahre später dann kaufte der bayerische Staat die Klosterimmobilien zum dreifachen Preis wieder zurück. Auch wenn die Aristokratendynastien in Bayern erst ein gutes Jahrhundert entmachtet sind, bereits 1803 haben sie ihre Reputation und Legitimation verloren. Der Kurfürst und spätere König Maximilian war schließlich nicht wegen seiner Leistungen auf den bayerischen Thron gekommen, in seinem »Zivilberuf« hatte er es lediglich zum kleinen Söldnerführer in französischen Diensten gebracht. Wäre er es nur geblieben, dem Bayernland wäre vielleicht das große Kulturbanausentum der Säkularisation erspart geblieben!

Kerschlach ist ein kleiner Weiler zwischen dem Ammersee und dem Starnberger See. Der Ort hat eine gut tausendjährige Geschichte, der Ortsname wechselte denn auch nicht selten: Cherrsloh, Kherschla(g), Kherschlan, Kherslau waren frühere Namensformen. Um 1600 war der Weiler an das Benediktinerklosters Andechs überschrieben worden, das Kloster auf dem Heiligen Berg erhielt Kerschlach »mit Sölden, Hueben, Taferne, siben und zwainzig Unterthanen an Pauren und Söldnern«. Die folgende Zeit ist denn auch gut belegt, wenn auch oft mit schauderhaften Nachrichten: Mitten im Dreißigjährigen Krieg (1634) war das »Haus zu Kerschlach durch die Spanischen abgebrennt«. Gleich darauf schleppte die Soldateska die Pest ein: »Nachdem dis Orth anno 1632 und 1633 zu grasierend feindtlichen Kriegsläuften ybl (übel) zerstörht, ruiniert und verderbt, seindt

Die Erdfunkstelle Raisting erscheint manchem wie eine fiktive Zeitreise in die Zukunft, so unvermittelt stehen die mächtigen Parabolantennen inmitten des Ammertals.

volgendes Jar 1634 darauf die Unterthanen mit laydtiger Infections Sucht (Pest) haimbgesucht worden. Daraus alle bis an (auf) Jacob Seemillers Wittib verstorben. Und also die Hofmarch und alle Guetter gans ed (öde) und lehr wordten.« Nach der Säkularisation 1803 versuchten sich diverse Privatleute mit der Landwirtschaft; schließlich übernahmen für ein knappes Jahrhundert die Missions-Benediktinerinnen die Verantwor-

Beide Uferseiten der Ammer sind landwirtschaftlich als Grünland genutzt. Verstreute Heustadel nehmen das Heu auf, bis es im Winter zum Einfüttern gebraucht wird.

tung. Während des Zweiten Weltkrieges beschlagnahmten die Nationalsozialisten das Klostergut, Schwestern und Arbeiter wurden dienstverpflichtet. Der braune Spuk währte allerdings nicht lange genug, um das geplante Mustergut Realität werden zu lassen. Die Benediktinerinnen blieben, mussten aber vor gut einem Jahrzehnt das Klostergut dennoch aufgeben, zu wenige junge Menschen waren noch bereit, ein Ordensleben zu führen. Gut Kerschlach blieb aber bestehen: Es wird nach den EG-Ökorichtlinien und den Naturland-Richtlinien bewirtschaftet, das Wirtschaftskonzept baut auf artgerechte Tierhaltung, nachhaltige Bodenbewirtschaftung und einen möglichst geschlossenen Stoffkreislauf. Ein eigener Hofladen steht zur Verfügung: Produktion, Verarbeitung und Vermarktung befinden sich unter einem Dach.

Bei Raisting, kurz bevor die Ammer in den Ammersee mündet, existiert die größte Erdfunkstelle der Welt, eine Bodenstation zur Kommunikation mit Nachrichtensatelliten. Ihre großen Parabolantennen sind weithin sichtbar und stehen im krassen Gegensatz zum ehemaligen Wallfahrtskirchlein St. Johann im Felde. Die kugelförmige Traglufthalle, das sogenannte Radom (ein Kunstwort aus Radar und Dom), ist nicht mehr in Betrieb und gilt seit 1999 als Denkmal. Die Antennen waren in den 1960er Jahren im Zusammenhang mit einem stark gestiegenen Telefonaufkommen mit Übersee gebaut worden, Seekabel wären sehr teuer gewesen und hätten darüber hinaus nicht die notwendigen Kapazitäten

Raisting gehörte viele Jahrhunderte dem Kloster Dießen, worauf heute noch der Abtstab im Ortswappen hinweist (oben).
Der Hoferteich ist eine kompakte Fischteichanlage, direkt am Unterlauf der Ammer gelegen (unten).

bereitgestellt. Ursprünglich sollten sogar vier Radome entstehen, doch der technische Fortschritt war schneller und die weiteren Antennen brauchten keine Schutzhülle mehr. Heute kümmert sich ein eigener Förderverein um den weiteren Erhalt.

Wie eh und je leben die Bauern hier vor allem von der Holz- und Milchwirtschaft und von der Viehzucht, denn etwas anderes als Weiden geben die wenig ertragreichen Böden von Natur aus kaum her. Das Landschaftsbild ist daher geprägt von ausgedehnten Wiesenflächen. Im Sommer weiden dort Kühe, die abends zum Melken in die Ställe heimgetrieben werden, und Jungvieh, oder das Gras wird zur Einfuhr als Frischfutter und zur Heugewinnung gemäht. Während des Winters verfüttern die Landwirte das in den Heustadeln eingelagerte Heu, dann bleibt ihnen auch Zeit für die Holzarbeit. Das ganze Jahr über gut besucht sind die Zuchtviehauktionen und Kälbermärkte in der Hochlandhalle in Weilheim.

Wie überall sehen sich die Bauern zu Rationalisierungs- und Modernisierungsmaßnahmen gezwungen, die Spuren in der Landschaft hinterlassen. Große Flächen lassen sich eben einfacher bewirtschaften als kleine. Trotzdem gibt es noch erfreulich oft Hecken und Baumreihen zwischen den Wiesen sowie Baum- und Buschinseln, die winzige Biotope für Insekten und Vögel darstellen.

Die freistehende Kapelle in Raisting mag als Symbol für das traditionelle Bayern stehen, die Erdfunkstelle gleich gegenüber (Seite 54) für unsere Technikgläubigkeit ab den 1950er Jahren (oben).
Die Wiesenflächen werden als Weide genutzt oder gemäht, um Grünfutter für den Stall zu haben. Zudem kann das frisch gewonnene Heu bis zum Winter im Heustadel gelagert werden (unten).

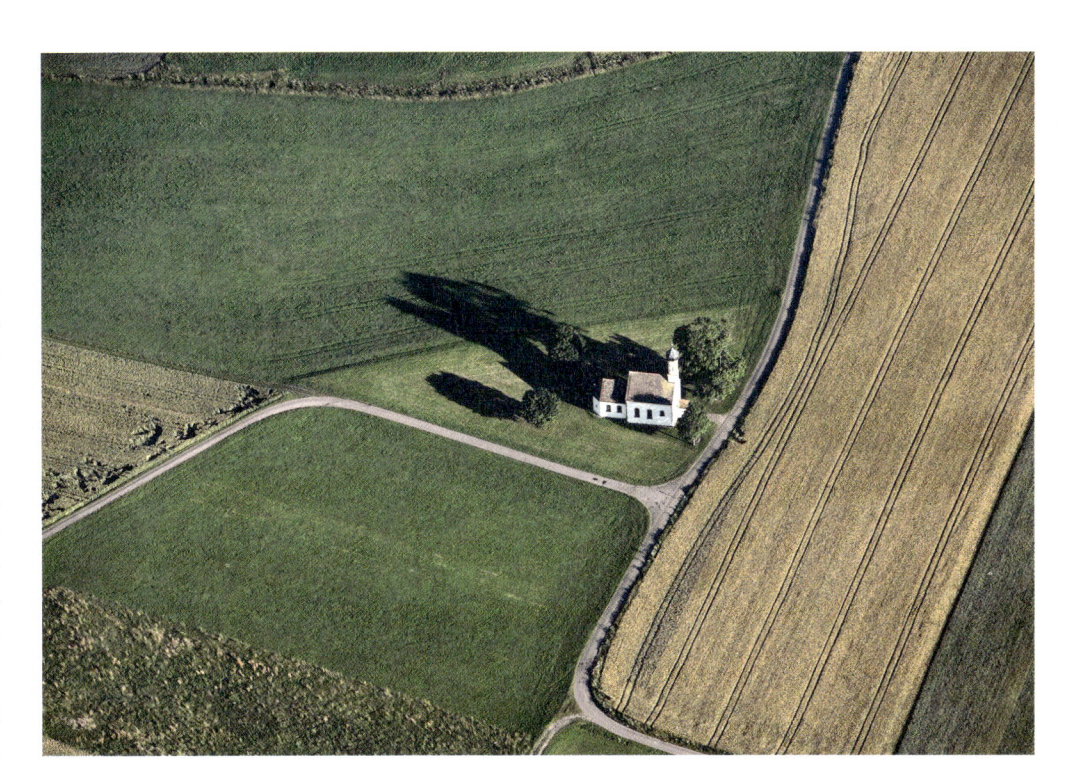

DER AMMERSEE

Der Ammersee ist nach dem Chiemsee und dem Starnberger See der drittgrößte See Bayerns und reicht von allen Voralpenseen gleichzeitig am weitesten nach Norden. Er ist öffentliches Eigentum, gehört also dem Freistaat Bayern, für seine Verwaltung ist die Bayerische Verwaltung der staatlichen Schlösser, Gärten und Seen zuständig. Die Grunddaten sind schnell aufgelistet: Der

Das Ammersee-Moos unmittelbar am Ufer markiert den ausgedehnten Verlandungsteil des Ammersees.

See ist knapp 47 Quadratkilometer groß und maximal 81 Meter tief, er wird von der Ammer durchflossen (die dabei ihren Namen zu Amper ändert) und besitzt ein Einzugsgebiet von 993 Quadratkilometern. Das Zungenseebecken geht auf den Loisach-Gletscher zurück, der sich als Teil des viel größeren Isar-Loisach-Gletschers aus der sogenannten Garmischer Pforte ins Alpenvorland ergossen hatte. Mit dem Ende der letzten (Würm-)Kaltzeit war durch die zurückgebliebenen Seiten- und Endmoränen schließlich der Ammersee übriggeblieben; er ist folglich rund 14 000

Nichts zeigt die Verlandungsarbeit der Ammer deutlicher als die Ammermündung. Zu beiden Uferseiten lagern sich Jahr für Jahr Sedimente ab und verkleinern Schritt für Schritt den Ammersee.

Jahre alt. Allerdings war er damals noch erheblich größer, erstreckte er sich doch vom heutigen Weilheim bis nach Grafrath; der heutige Pilsensee war Teil des Gesamtsees. Dieser Schrumpfvorgang deutet bereits auf ein endliches Leben des Ammersees hin: Er wird weiter verlanden. Die Schwedeninsel am südlichen See-Ende ist ein Indikator dieser Verlandung, ist sie doch schon fast zu

Die Ammermündung schiebt sich jedes Jahr ein klein wenig weiter in den Ammersee.

einer Halbinsel geworden und wird irgendwann ganz mit dem Ufer verschmelzen. Die fortschreitende Verlandung erfolgt wegen der ständigen Ablagerungen der Ammer im Süden sowie den biogenen Verlandungsprozessen am Nord- und am Südende. Die Verlandung dauert an, man geht von einer geschätzt verbliebenen Lebenserwartung von etwa 20 000 Jahren aus.

In den 1960er Jahren stand es schlecht um die Wasserqualität des Ammersees. Der hohe Bevölkerungsdruck am Seeufer und das viel beschworene Wirtschaftswunder hatten dem See arg zugesetzt. Wie in den Jahrhunderten zuvor hatte man den See als unendlich aufnahmefähig für Abwässer angesehen, Kläranlagen waren für die meisten kleinen Siedlungen am See ein Fremdwort. Zudem benutzten die Bauern zunehmend Kunstdünger, das Seewasser war bald überdüngt. Auch wenn man nichts von Umweltschutz hielt, man musste handeln und viel Geld investieren: Der Bau einer Ringkanalisation wurde in Angriff genommen. Die sprudelnden Steuereinnahmen des Landes erlaubten es, für die Kosten auch die nichtverursachende Bevölkerung außerhalb des Ammersees zur Kasse zu bitten; die direkten Anrainer mussten nur einen prozentualen Anteil aufbringen. Der Erfolg ließ nicht lange auf sich warten: Die Nährstoffbelastung des Wassers ging zurück, aus einem eutrophen Gewässer wurde ein nur mehr mesotrophes. Mäßiges Algenwachstum und die bessere Sichttiefe von nunmehr über 2 Meter sind die sichtbaren Folgen.

Auf den letzten Metern hat man heute die Ammer kanalisiert, um ihren Einlauf in den See zu erleichtern und rückstauende Überschwemmungen zu verhindern.

AMMERSEE · WESTUFER

Dem Westufer des Ammersees sieht man den Gletscherstrich förmlich noch an, es schwingt in leichter Krümmung ohne größere Einbuchtungen nach Norden, so wie es die Eismassen aus dem Untergrund geschrammt haben. Es ist nicht dicht besiedelt, doch reihen sich die Orte in regelmäßigen Abständen am Ufer, im Süden Dießen über Utting und Schondorf bis Eching im Norden.

Das Augustiner-Chorherrenstift in Dießen am Ammersee fiel – wie Kloster Andechs – dem schnöden Mammonstreben des Münchner Kurfürsten zum Opfer. Während der gut vierhundertfünfzig Jahre des Bestehens zuvor hatte sich ein kleines blühendes Wirtschaftsunternehmen etablieren können. Die heutige Klosterpfarrkirche Mariä Himmelfahrt ist noch ein bauliches Zeichen für diese Prosperität: Sie gilt als eine der großartigsten Barockkirchen Süddeutschlands. Baumeister war der Oberpfälzer Johann Michael Fischer (1692–1766). Erste Anklänge des frühen bayerischen Rokokos sind unübersehbar. Betritt man die Kirche, fällt der Blick unwillkürlich auf den Hochaltar und das Deckengemälde: Der Festprediger hatte 1739 bei der Einweihung geschwärmt: »Ich sehe den Himmel offen.« Dennoch kamen auch hier 1803 die Auflösungskommissare aus München und verschleuderten alles, was irgendwie zu Geld zu machen war. Zumindest schafften es gut 1000 Bücher in die Staatsbibliothek nach München und sind dadurch erhalten geblieben. Teile der Klosteranlage wurden damals jedoch abgebrochen.

Kloster Dießen war über viele Jahrhunderte das unbestrittene Kulturzentrum am Westufer des Ammersees. Das heutige Gebäude stammt aus den 1730er Jahren, die meisten großen Bau- und Ausstattungskünstler der damaligen Zeit hatten hier ihren Beitrag leisten dürfen.

63

Dießen war gegen Ende des 19. Jahrhunderts ein beachtlicher Anziehungspunkt für Künstler. Man suchte die magische Anziehungskraft unverfälschter Natur am See und wollte raus aus der Münchner Stadtlandschaft. Berühmte Kunstschaffende am Ammersee waren beispielsweise der Biedermeiermaler Carl Spitzweg (1808–1885), die Schriftstellerin Luise Rinser (1911–2002) oder der Komponist Carl Orff (1895–1982), um nur drei prominente Beispiele zu nennen. Konsequenterweise beherbergt Dießen das weltweit einzige Carl-Orff-Museum.

Utting am Ammersee weist sich neben Eching und Herrsching als »ing«-Ort und damit als bajuwarische Ursiedlung aus. Es gibt insgesamt fünf Orte gleichen Namens in Bayern, Utting am Ammersee ist bei weitem der größte unter ihnen. Zur Gemeinde Utting gehört auch das Künstlerdorf Holzhausen. Dort gibt es ein besonders schönes Standesamt in der ehemaligen Künstlervilla, die der Bildhauer Mathias Gasteiger (1871–1934) und seine Ehefrau, die Malerin Sophie Gasteiger (1877–1954), 1908 in einem Landschaftspark direkt am Ammersee errichteten. Die Hügellandschaft um den See regte Anna Sophie Gasteiger zu reizvollen Landschaftsbildern an; in dem üppigen Garten um die Sommervilla wuchsen die Blumen, die sie zu Sträußen für ihre Stillleben zusammenstellte. Ein anderer Künstler des Orts war Eduard Thöny (1866–1954), er hatte sich seine Meriten als langjähriger Karikaturist des Simplicissimus verdient. Wie viele Künstler seiner Zeit

Riederau ist ein beschaulicher Ort gleich gegenüber Herrschings auf der anderen Uferseite (oben).
Das ehemalige Staatsgut Romenthal liegt im Landschaftsschutzgebiet am Ammersee. Zum Ensemble gehört die von Johann Michael Fischer 1757 erbaute Kapelle St. Anna (unten).

hielt er es mit den Mächtigen und brachte es unter den Nazis sogar zum Kunstprofessor. Seit Beginn der Eisenbahnanbindung an München (ab 1903) hatten zahlreiche Künstler die Sommermonate am Ammersee verbracht. Sie suchten am sogenannten »Bauernsee«

Der Markt Dießen ist ein ansehnlicher Ort am südwestlichen Hochufer des Ammersees.

das einfache (und billige) Landleben, ohne auf die Verdienstmöglichkeiten in München verzichten zu müssen. Dem Naturlyrismus der »Scholle«-Maler, einer Münchner Künstlervereinigung, die von 1899 bis 1911 bestand, boten das dörfliche Umfeld in Holzhausen und die idyllische Seenlandschaft vielfältige Anregungen. Man fühlte sich zum Großthema Mensch und Natur hingezogen. Dies hinderte ihre Wortführer allerdings

Am Westufer findet man öfter als am Ostufer eine Uferbebauung, die in aller Regel die Allgemeinheit von einem Zugang zum See ausschließt.

nicht daran, sich während des Ersten Weltkrieges zu offiziellen Militärmalern ernennen zu lassen.

Schondorf gehört mit Greifenberg und Eching zum sogenannten Gemeindedreieck am Ammersee. Der Ort ist aus den ehemals selbstständigen Gemeinden Unter- und Oberschondorf zusammengewachsen und zieht sich heute als 2,5 Kilometer lange Wohnsiedlung am See entlang. Das Ortsbild wird von der Kirche St. Anna auf einem Höhenzug dominiert, während in Ufernähe zahlreiche Villen bestimmend sind. Die Siedlungsgeschichte ist lang, so wurden vierzehn Hügelgräber aus der Hallstattzeit (750–450 v. Chr.) entdeckt. Auch die Römer hinterließen ihre Spuren, eine Badeanlage samt Villengrundmauern am Seeufer ist noch erhalten. In Dießen, Riederau, Holzhausen, Utting und Schondorf gibt es – neben Buch, Breitbrunn und Herrsching am Ostufer – Dampferstege der Seenschifffahrt auf dem Ammersee. Heimathafen ist Stegen am Nordufer. Dort liegen die beiden Raddampfer »Herrsching« und »Dießen« sowie die drei Motorschiffe »Utting«, »Augsburg« und »Schondorf«. Die Bayerische Seenschifffahrt betreibt als staatseigenes Unternehmen die Fahrgastschifffahrt auch noch auf dem Königssee, dem Starnberger See und dem Tegernsee. Insgesamt nennt sie eine Flotte von 34 Motorschiffen ihr Eigen, mit denen sie jährlich rund 1,2 Millionen Fahrgäste transportiert; sie gehört zu den größten Binnenschifffahrtsunternehmen Deutschlands. Auf dem Ammersee fahren die

Utting liegt an der Einmündung des kleinen Mühlbaches in den Ammersee. Das Dorf ist einer der wenigen »ing«-Ort am Ammersee, seine Wurzeln reichen also in die Zeit der bayerischen Landnahme zurück (oben).
Das Uttinger Freizeitgelände mit dem Campingplatz ist Anziehungspunkt für viele Erholungssuchende (unten).

Schiffe von Ostersonntag bis Mitte Oktober. Die beiden schon genannten Schaufelraddampfer fassen bis zu vierhundert Passagiere. Die RMS Dießen kann auf eine über hundertjährige Geschichte zurückblicken, schließlich wurde sie schon 1908 gebaut (die RMS Herrsching ist erst zehn Jahre alt). Allerdings bedeutete die letzte Generalsanierung einen weitgehenden Neubau des Schiffs. Bei der Namensgebung der Ammerseeschiffe wählte man übrigens mit der Augsburg trotz heftiger lokaler Diskussion erstmals den Namen einer Stadt außerhalb des Ammerseegebiets.

Der Ammersee ist eng mit dem Wassersport verbunden. Knapp 4700 Hektar Wasserfläche sind vorhanden, über die sich Hunderte von Booten der Segelschulen, Bootsvereine, Bootsverleiher und einzelnen Wassersportfreunde verteilen können. Regelmäßig finden Regatten statt, die Lage am Rande der Alpen sichert gute Windverhältnisse, häufig weht ein beständiger Westwind. An der breitesten Stelle des Ammersees herrschen oft beachtliche Windverhältnisse, vor allem im Frühjahr und im Herbst. In der letztgenannten Jahreszeit kommt es bei anhaltender Hochdrucklage auch nicht selten zu starken Ostwinden. Natürlich möchte der Andrang von Seglern geregelt sein. Zwar benötigt man für reine Segelboote keinen besonderen Schein, eine freiwillige Ausbildung wird jedoch sehr empfohlen. Richtige Bootsführerscheine sind erst ab einer Motorleistung über 5 PS (3,68 kW) vorgeschrieben. Außerhalb des Ammersees gibt es stärkere Einschränkungen, dazu gehört eine konsequente Sperre der Amper bis zum 1. Juli für Freizeitkapitäne aller Art.

Es mag wie eine unwirkliche Idylle aussehen: Boote auf dem See und naturbelassene Uferstrecken. Beides ist aber Realität.

69

AMMERSEE · NORDUFER

Die Veste Greifenberg gehörte ursprünglich den Greifenbergern. Der letzte Greifenberger fiel 1396 in Ungarn im Kampf gegen eingefallene Türken, als ein europäisches Heer trotz gleichwertiger Kampfstärke vernichtend geschlagen wurde. Der ungarische König hatte verzweifelt um Hilfe gerufen, weil er der einflutenden Türken nicht mehr Herr werden konnte. Der siegreiche Sultan ließ nach seinem fulminanten Sieg Tausende gefangener christlicher Ritter hinrichten, unter ihnen war auch Hans der Greif, der letzte seines Geschlechts. Diese Niederlage war nicht die letzte gewesen, die Türken drängten militärisch weiterhin in den Balkan hinein und wollten letztlich das ganze Abendland dem Islam zuführen. Die moslemischen Invasoren konnten Region um Region überrennen, bis sie schließlich 1529 erstmals vor Wien auftauchten und sich den »Goldenen Apfel« pflücken wollten – wie man aus Türkensicht die Donaumetropole nannte. Erst dann nahmen die europäischen Herrscher die Migration aus dem Südosten ernst und wehrten die Belagerung Wiens ab, mehr durch bloßes Glück als aufgrund gemeinsamer Logistik. Man lernte jedoch nichts daraus und unterschätzte weiterhin die Türkengefahr. Bald standen die Türken erneut vor Wien! In Burg Greifenberg dagegen ging das Leben weiter, neue Besitzer kamen und zogen den Nutzen aus dem fernen Tod des letzten Ritters von Greifenberg.

Nach einem Brand im Jahr 1760 wurde Schloss Greifenberg (oben) über einem mittelalterlichen Kern errichtet. Der letzte Greifenberger war bereits viel früher (1396) in der fernen Walachei im damals aussichtslosen Kampf gegen ein türkisches Invasionsheer gestorben.
Bei Eching am Nordufer des Ammersees verschwindet die Autobahn München–Lindau in einem Tunnel (unten).

Der Weiler Stegen besteht nur aus wenigen Häusern, doch hat der kleine Ort als Heimathafen der Ammerseeschifffahrt Bedeutung. Die Personenschifffahrt hat hier Tradition: Bevor der Ammersee 1903 über eine Bahnlinie direkten Anschluss nach München erhielt, verkehrte auf der Amper der Flussdampfer »Maria Theresia« von Stegen nach Grafrath zur Bahnlinie München–Augsburg.

DAS AMPERMOOS
Im Ammersee wird die Ammer zur Amper. Sie durchfließt auf ihren ersten Kilometern

Das Nordufer des Ammersees ist durch die kreuzende Autobahntrasse und die Anlegestelle Stegen stark verbaut, weist aber daneben nicht wenige naturbelassene Abschnitte aus.

altes Seeland, dessen verlandeter Bereich heute das Ampermoos ausmacht. Ursprünglich hatte sich der Ammersee bis zum heutigen Endmoränen-Durchbruch bei Grafrath nach Norden erstreckt. Das 550 Hektar große Ampermoos zählt zu den größten Flusstal-

Dort, wo heute eine Autobahnbrücke über die Amper führt, befand sich wahrscheinlich schon Jahrhunderte zuvor ein Übergang über den Fluss.

Niedermoor-Komplexen Südbayerns. Botaniker geraten wegen der interessanten Pflanzenwelt geradezu ins Schwärmen, treffen sich hier doch wärmeliebende Pflanzenarten aus dem Donauraum mit den kälteresistenten Arten des Alpenvorlandes. Zudem war das

Das Ampermoos im Norden des Ammersees bildet einen der größten Flusstal-Niedermoor-Komplexe Südbayerns und ist damit ein Hort biologischer Vielfalt, ja ein wichtiger Schutzkorridor für bedrohte Arten.

Moos bislang ein herausragendes Brut- und Überwinterungsgebiet ansonsten meist stark bedrohter Vogelarten wie Kiebitz, Bekassine, Wiesenpieper oder Kornweihe. Das Moos war landwirtschaftlich trotz mancher Versuche nicht in den Griff zu bekommen, es blieb der Natur vorbehalten. Doch mit moderner Technologie gelang es, dem Moos Grund zur Bewirtschaftung abzuringen, indem man den nassen Boden entwässerte. Die beste Möglichkeit zur Trockenlegung bestand in der Eintiefung und Begradigung der Amper. Seither ist das Ampermoos hochgradig gefährdet, mehrere Moorsackungen haben bereits stattgefunden, das Moor trocknet zunehmend aus. Das Grundwasser aus den seitlichen Moränenhängen verbleibt nicht mehr im Moos, dessen Schwammfunktion geht zunehmend verloren. Man hat sich daher einige Notlösungen ausgedacht: Beispielsweise soll eine »Sohlschwelle« bei Grafrath helfen, den Grundwasserspiegel wieder zu heben.

Das Ampermoos hält unserer Gesellschaft den Spiegel vor. Seit Jahrhunderten nutzen wir die Natur nach Kräften aus, als ob diese ein unerschöpfliches Reservoir wäre. Noch in den 1980er Jahren wurde viel bayerisches Steuergeld eingesetzt, um in flächendeckenden Flurbereinigungen die Naturausnutzung weiter zu optimieren. Erst ganz zaghaft fangen wir heute an, nutzungsresistente Flächen wieder der Natur zu überlassen und

Der doppelte Zwiebelturm in Inning am Ammersee ist in gewisser Weise Österreich geschuldet; seine Invasionstruppen hatten im Österreichischen Erbfolgekrieg den gotischen Vorgänger abgefackelt.

Seite 75:
Stegen am Amperausfluss ist der Heimathafen der Bayerischen Seenschifffahrt auf dem Ammersee. Von hier aus beginnen die beiden Raddampfer und die Motorschiffe jeden Saisontag ihre Tour über den See.

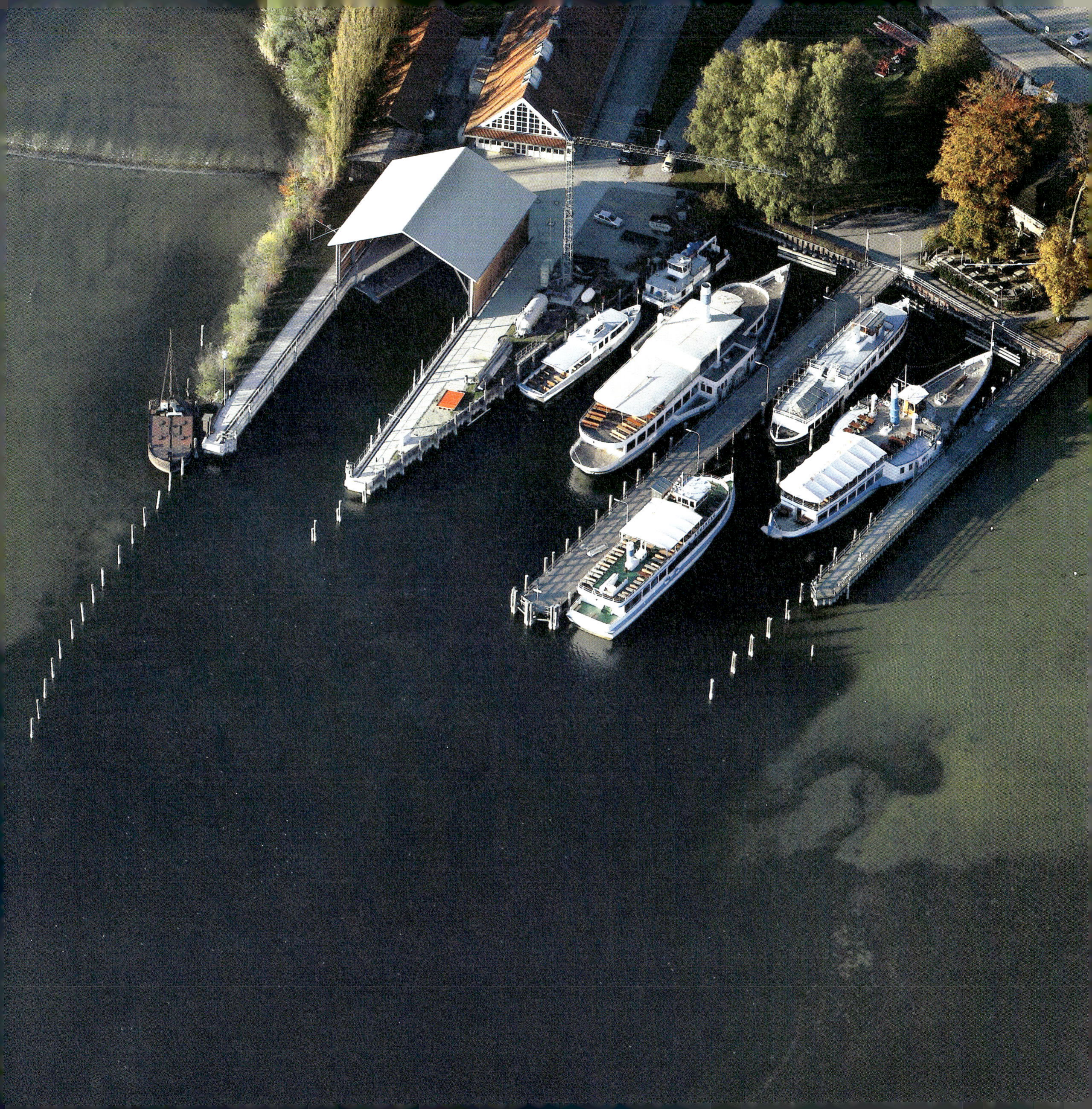

sogar Steuergelder einzusetzen, diesmal für einen Rückbau von Nutzungen. Die dafür bereitgestellten Geldbeträge sind aber noch marginal im Vergleich zu den Flurbereinigungen der Nachkriegsjahre. Das Ampermoos zeigt uns sehr augenfällig, welche Bedeutung solche Restnaturflächen für unseren Gesamt-Ökohaushalt haben können, Bayern ist hoffnungslos überbevölkert, unsere ökologischen Fußabdrücke fordern gerade im Münchner Großraum ihren unsäglichen Tribut. Auch wenn heute schon erfreulich vielen Mitbürgern das Umschwenken hin

Als gäbe es einen verbindlichen Ankerplan, halten die zahllosen Boote immer gebührenden Abstand voneinander.

zu einen umweltfreundlicheren Lebensstil gelungen ist, die schiere Zahl unserer Fußabdrücke bleibt. Die Wissenschaft spricht denn auch schon längst von der Chance einer abnehmenden Bevölkerungszahl, sieht den demografischen Wandel als Geschenk statt als Katastrophe und entlarvt die Verlautbarungen der Wachstumszauberlehrlinge als eine Nach-uns-die-Sintflut-Propaganda.

HERRSCHING

Herrsching ist heute samt Zweitwohnsitzen ein Ort mit über 10 000 Einwohnern; 1940 gab es nur rund 2500 Herrschinger! Im 19. Jahrhundert gar war Herrsching ein kleines Bauern- und Fischerdorf. Die Entwicklung dieses Ammerseeortes ist also ein untrüglicher Indikator unserer schieren Anzahl und unserer zahllosen ökologischen Fußabdrücke. Meist waren es Menschen aus der gut bezahlten Filmbranche oder der Theaterwelt, die es bevorzugt an den See gezogen hat. Die wenigsten sind hier geboren und aufgewachsen. Für Otto Normalverbraucher ist es eher schwierig, mit den lokalen Wohnkosten zurechtzukommen. Dennoch kennen alle Beamten des gehobenen Dienstes der bayerischen Finanzverwaltung Herrsching sehr gut, absolvieren sie hier doch ihre Ausbildung an der Fachhochschule; man ist in einem repräsentativen Gebäude aus den 1930er Jahren untergebracht. Auch kann sich Herrsching rühmen, nicht etwa die heutigen Berliner Fehler gemacht und die Filet-Grundstücke am

Der an sich kleine Ort Herrsching besitzt die längste Seeuferpromenade Deutschlands (oben). Hier konnte neureiche Prominenz nicht wie so häufig im Lande die Allgemeinheit aussperren und mit hohen Zäunen den See für sich alleine sichern.
Andere Ufer des Ammersees sind bebaut und fleißig genutzt (unten).

See neureichen Villenbesitzern überlassen zu haben: Man hat die längste öffentliche See-Uferpromenade Deutschlands, der See wird nicht wie andernorts von Privatgrundstücken abgeschnürt.

Auch das ist der Ammersee: unberührte Uferbereiche ohne menschliche Eingriffe!

Pilsensee · Wörthsee · Weßlinger See

PILSENSEE

Wie sein großer Vetter, der Ammersee, ist auch der Pilsensee ein Kind der letzten Kaltzeit, »Geburtshelfer« war der Loisach-Gletscher. Genau genommen war der Pilsensee zunächst ein Teil des Ammersees; erst im Laufe der Jahrhunderte kam es zur Verlandung, die den Pilsensee zu einem eigenen See machte. Verantwortlich dafür war vor allem der Kienbach, dessen Schwemmfächer eine Landbrücke aufbaute, auf der sich heute Herrsching ausbreitet. Heute ist die Seefläche knapp 2 Quadratkilometer groß, die Uferlänge bemisst sich auf 6,5 Kilometer.

Die Region ist bestens an das MVG-System angeschlossen, das auch das flache Land von und nach München verbindet. Die Bahnverbindung geht auf das Jahr 1903 zurück, als man sich nach langen Streitereien über den Streckenverlauf geeinigt hatte. Von Anfang an war die Strecke als Ausflugsbahn an den Ammersee konzipiert; man wollte den Münchnern ein weiteres Naherholungsgebiet zugänglich machen, denn die südlichen Ziele im Isartal und am Starnberger See waren längst erschlossen (und überlaufen). Die Herrschinger Strecke wurde schnell angenommen, bereits 1910 hatte man die höchsten Fahrgastzahlen aller bayerischen Lokalbahnen erreicht. Bald sollte eine Verlängerung der Strecke am Ammersee-Ufer südwärts bis nach Weilheim folgen. Der Erste Weltkrieg machte solchen Planspielen ein Ende, fortan wurde das Volksvermögen in Schießpulver investiert. Die Lokalbahn überlebte dank ihrer Beliebtheit die kommenden Krisen, im Jahr 1972 wurde man schließlich

Das Pilsenseemoor gibt einen Eindruck davon, wie die natürlichen Seeufer des Fünfseenlandes früher ausgesehen haben mögen.

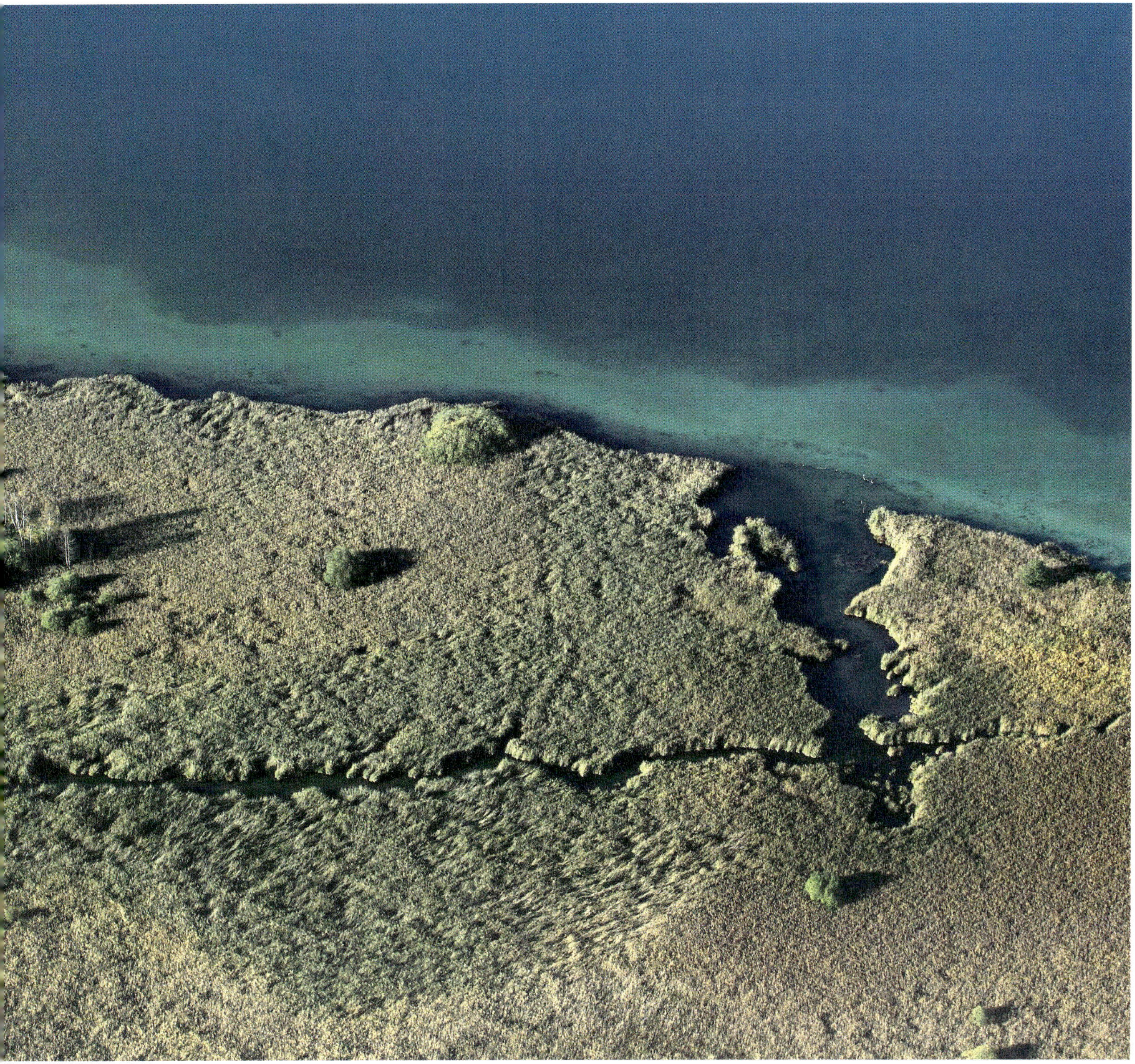

in das Münchner S-Bahn-Netz integriert. Heute ist die S-Bahn eine viel genutzte Verbindung ins Fünfseenland.

Das Dorf Widdersberg liegt nur ein paar hundert Meter vom Ostufer des Pilsensees entfernt oben auf einem schmalen Hügelzug. Er trägt den Namen »Weinberg«, was als Geländename auch bei uns in Südbayern erstaunlich häufig vorkommt. Mit den römischen Besatzern (die römische Straßenstation in Widdersberg soll zu Beginn des 4. Jahrhunderts errichtet worden sein) war der Weinbau nach Bayern gelangt, gerade im Umfeld von ehemaligen Standorten römischer Kastelle finden sich deshalb oft Hinweise auf Weinberge, meist in den überlieferten Geländenamen. Man darf jedoch annehmen, dass der hier gekelterte Wein ein recht saures und gewöhnungsbedürftiges Getränk war. Im Mittelalter dann kultivierten noch etliche Klöster Rebstöcke, doch die Einfuhr von Weinen aus klimatisch begünstigteren Regionen brachte den Weinanbau allmählich zum Erliegen und die Klöster verlegten sich aufs Bierbrauen. Im nahen Kloster Andechs beispielsweise siedet man wahrscheinlich bereits seit der Gründung im Jahr 1455 Bier – und bis heute trägt das Andechser Bier wesentlich zur Anziehungskraft des Heiligen Berges bei.

Von der Burg der Herren von Widdersberg, Ministerialen der Grafen von Andechs-Meranien, deren Standort man auf dem heute noch »Burabichl« genannten Hügel am Weiher vermutet, haben sich keine Spuren erhalten. Mit dem Ende der Andechs-Meranier kam ihr gesamter Grundbesitz an die Wittelsbacherherzöge, seit Gründung des Klosters gehörte

Widdersberg war der Sitz von Ministerialen der Andechs-Meranier und kam, nachdem dieses mächtige Adelsgeschlecht ausgestorben war, ans Kloster Andechs.

Widdersberg zur »Klosterhofmark Heiligberg Andechs«. Davon zeugt beispielsweise der dörfliche Zehentstadel, in dem die Abgaben der Bauern ans Kloster eingelagert wurden, oder die bildliche Darstellung der Wunderheilung einer Frau aus Widdersberg an der Empore der Andechser Klosterkirche.

Hechendorf ist ein lang gestreckter Ort am nördlichen Ende des Pilsensees. Direkt an der Bahnlinie Herrsching–München gelegen,

Der Widdersberger Weiher ist ein Stausee, der bereits im 16. Jahrhundert als Wasserrückhaltebecken für eine Mühle angelegt worden war. Die Mühle selbst wurde 1966 wegen des Baus einer Straße abgerissen.

hat das Dorf anlässlich der Olympischen Sommerspiele 1972 eine eigene S-Bahn-Station erhalten (nachdem die Züge fast siebzig Jahre immer nur vorbeigefahren waren). Der Ort hieß früher »Höchendorf«, war also das Dorf auf der Höhe. Der frühgotische Kirchturm weist auf ein hohes Alter der Ortschaft hin; erst viel später, nämlich 1367, wurde eine Stiftung gemacht, »damit ein Pfarrer allhier auf der Pfarr hausen könne«. Auch der »Alte

Hechendorf, das »Dorf auf der Höhe«, zieht sich als vier Kilometer lange, schmale Ortschaft am Nordwestufer des Pilsensees hin.

Wirt« in Hechendorf bringt es auf eine längere Tradition, wurde er doch schon 1752 als eines von damals neunzehn bestehenden Anwesen des Ortes erwähnt. Zunächst war es ein eher bescheidenes Gasthaus, später konnte sich die Wirtsfamilie langsam hocharbeiten, vor allem, als sich regelmäßige Sommergäste einfanden. Erst 1917 konnte der Schlossgraf den »Alten Wirt« aufkaufen, 1930 fiel das Gasthaus schließlich an die Löwenbrauerei.

Schloss Seefeld am Ufer des Pilsensees in seiner heutigen Form als gräfliches Barockschloss stammt aus dem 18. Jahrhundert, wenn auch die Schlossherren des 20. Jahrhunderts noch letzte Neubauten hinzufügten. Natürlich geht es auf wesentlich frühere Vorgängerbauten zurück, die einen deutlichen Verteidigungscharakter aufwiesen (früher waren Nachbarn meist nicht so freundlich wie heutzutage). In der Urkunde einer Schenkung an das Kloster Benediktbeuern war 1150 von »Sevuelt« die Rede, das Schloss selbst wurde 1302 erstmals als Feste Schlossberg erwähnt. Die gesamte Anlage gruppiert sich um zwei Höfe: Eine Steinbrücke führt über den Höllengraben in den sogenannten Brunnen- oder Wirtschaftshof, der zu beiden Seiten von mächtigen Wirtschaftsgebäuden, ehemals Mälzerei und Remise, gesäumt wird. Eine weitere Brücke führt dann in den inneren Hof mit dem Bergfried aus dem 13. Jahrhundert. Das Schloss, das sich in Teilen das Aussehen einer mittelalterlichen Burg erstaunlich gut bewahrt hat, zeigt sich vorbildlich restauriert, denn über zwölf Jahre (bis 2009) beherbergte es eine Zweigstelle des Staatlichen Museums Ägyptische Kunst München. Mittlerweile wird

Auf der Seefelder Straße fährt man teilweise direkt am Ostufer des Pilsensees entlang.

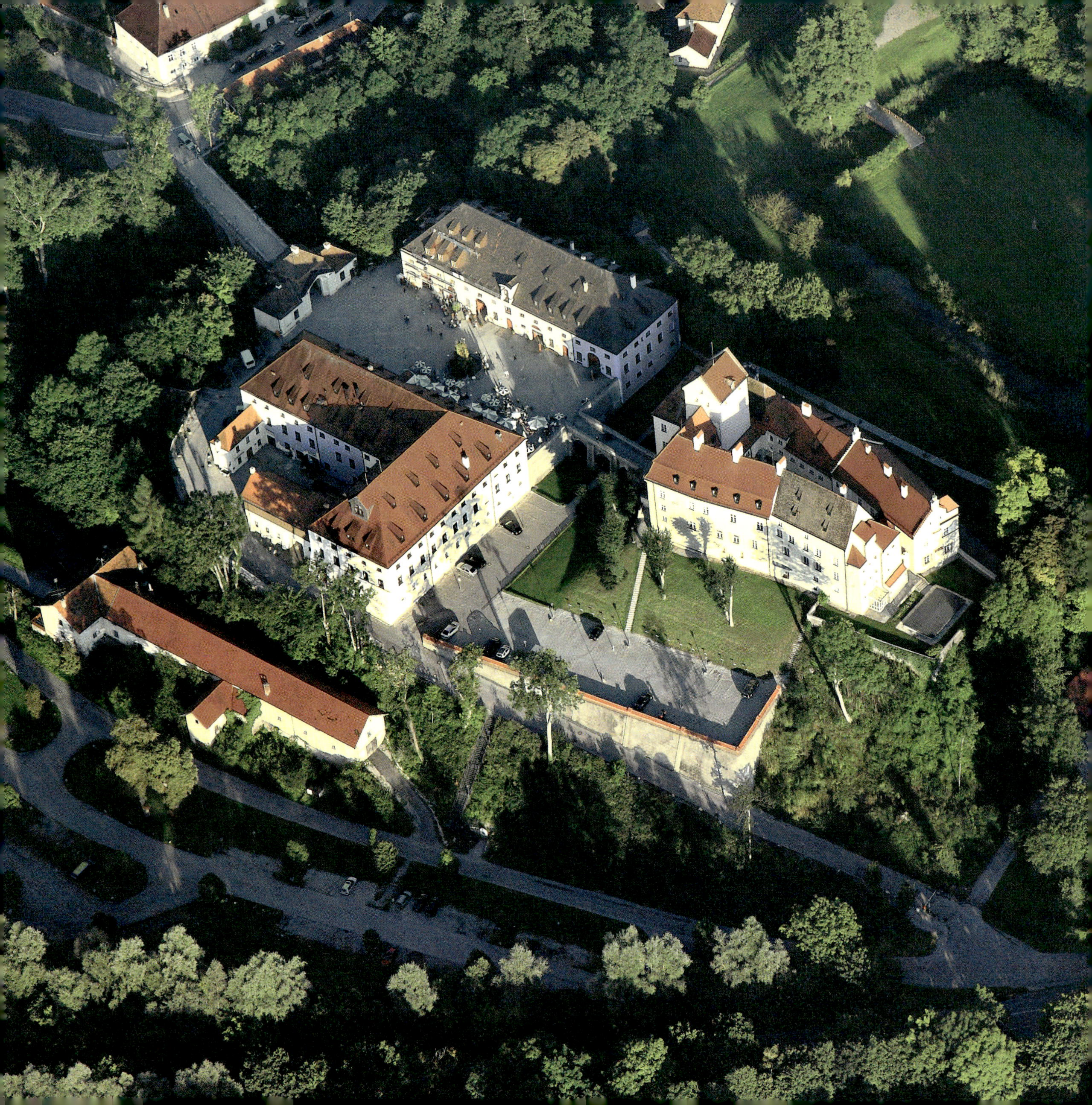

das Schloss ausschließlich privat genutzt (von der Familie Toerring-Jettenbach), doch kann man verschiedene kulturelle Veranstaltungen im ehemaligen Sudhaus besuchen, im Bräustüberl Brotzeit machen oder im Garten umherspazieren.

Seite 86:
Das Schloss Seefeld hat seine heutige barocke Form im 18. Jahrhundert erhalten, der südwestliche Flügel kam erst um 1900 dazu.

In Seefeld bietet ein breiter Stichgraben in Richtung Schloss besonders geschützte Liegeplätze.

Vom Schloss führt eine prächtige Eichenallee, die Graf Anton Clemens zu Toerring-Seefeld im Jahr 1770 anpflanzen ließ, Richtung Weßling. Die alten Bäume stehen als Naturdenkmal unter Schutz, hier wird Natur als etwas Besonderes anerkannt.

Zum am Nordufer des Wörthsees gelegenen Dorf Walchstadt gehört das Freibad »Roßschwemme« mit seinem kleinen Bootsanleger. Der Name deutet darauf hin, dass die flache Uferstelle früher zum Reinigen der bäuerlichen Arbeitspferde genutzt wurde.

WÖRTHSEE

Der Wörthsee nannte sich ursprünglich Ausee, bevor er seinen Namen von der kleinen Insel im See übernahm. Das mittelhochdeutsche »Werth« bedeutet Insel, im Althochdeutschen war »Uuerid« eine Bezeichnung für Siedlungen an Gewässern. Wörth ist demzufolge ein häufiger Name in Bayern, angefangen von der Wörth-Insel in Regensburg, über Wörth an der Donau bis Donauwörth. Dennoch wird die Insel im Wörthsee heute vom Volksmund eher »Mausinsel« genannt. Obwohl der Wörthsee (zusammen mit dem Ammersee) als ein Zweigbecken des Isar-Loisach-Gletschers entstanden ist, liegt sein Wasserspiegel rund 27 Meter höher. Er ist 3,7 Kilometer lang und bis zu 1,2 Kilometer breit, seine Uferlänge misst fast 10 Kilometer, seine Wasserfläche summiert sich auf rund 4,3 Quadratkilometer. Sein Wasser tauscht sich relativ langsam aus, es ist von insgesamt acht Jahren die Rede. Der Wörthsee wird hauptsächlich von Grundwasserquellen gespeist, nur geringe Wasserschwankungen sind daher die Folge. Gemeinhin gilt er als einer der schönsten und saubersten bayerischen Badeseen, obwohl sich der größte Teil des Ufers in Privatbesitz befindet. Nur fünf größere Badestellen am See sind für die Allgemeinheit zugänglich.
Auf der Insel Wörth befindet sich ein 1446 erbautes Schloss, ursprünglich ein befestigter Herrensitz und später ein Sommerschloss der Grafen Toerring. Mit ihnen ist auch die Legende verwoben, die der Insel den Namen »Mausinsel« gab: Vor vielen hundert Jahren

Oberalting ist heute mit Seefeld zusammengewachsen, die Ortskirche St. Peter und Paul weist gotische und barocke Stilelemente auf und steht wahrscheinlich auf weit über tausend Jahre alten Grundmauern.

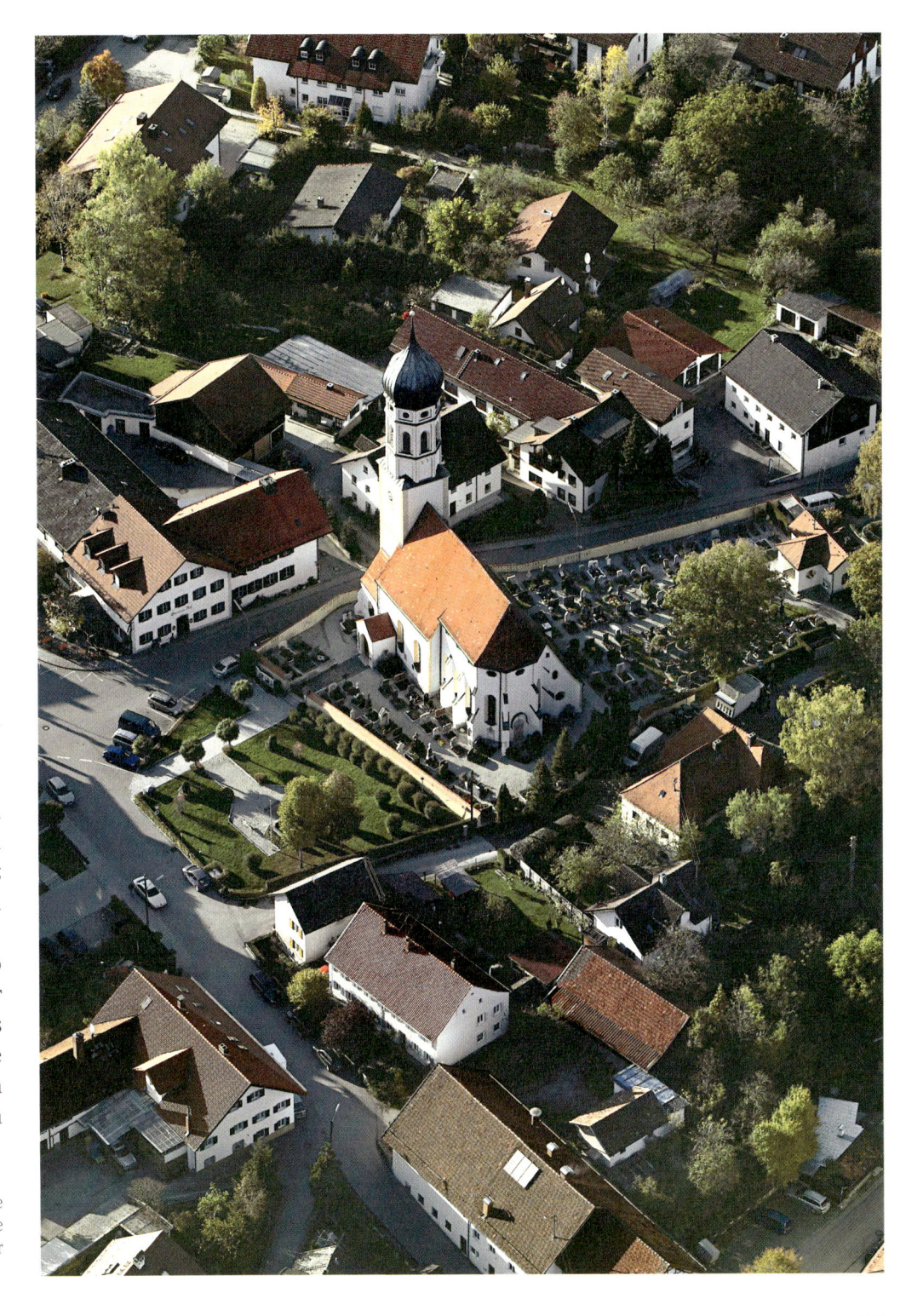

soll ein hartherziger Graf in einer Scheune bei seinem Seefelder Schloss die dort eingesperrten Armen seines Herrschaftsbereiches verbrannt haben. Als Strafe sei eine Mäuse- und Rattenplage über ihn gekommen, vor der er auf die Insel Wörth flüchtete, in dem Wahn, das Ungeziefer könne ihm dort nichts anhaben. Doch natürlich folgten die Mäuse dem Grafen auf die Insel und fraßen ihn bei lebendigem Leibe auf.

Genau gegenüber der Insel liegt das idyllische Dorf Bachern, umgeben von keltischen Grabhügeln aus der La-Tène-Zeit (5. bis 1. Jahrhundert v. Chr.). In dieser historischen Periode war die Kultur der Kelten zu europäischer Bedeutung aufgeblüht. Die römische Expansionspolitik machte dieser Blütezeit ein Ende; 15 v. Chr. drangen die römischen Legionäre über die Alpenpässe auch ins Fünfseenland vor und unterwarfen die dort ansässigen Kelten. Die keltischen Bauern- und Handwerkerfamilien, die nicht über die Donau nach Norden flohen, sondern in ihrer Heimat blieben, bildeten dort bald die soziale Unterschicht. Nach dem Abzug der Römer verschmolzen die Überreste des einst mächtigen Keltenvolkes dann mit den nachrückenden Stämmen der Bojer oder Bajuwaren.

Die Gemeinde Wörthsee gibt es erst seit 1972, als während der landesweiten Gebietsreform die Gemeinden Etterschlag und Steinebach zusammengelegt wurden. Man wählte als

Der Wörthsee, früher Ausee genannt, ist durch seine 12 Hektar große Insel Wörth nicht zu verwechseln. Der Name bezieht sich auch auf diese Insel, das mittelhochdeutsche »Werth« bedeutet Insel. Im Volksmund heißt die Wörthsee-Insel heute allerdings »Mausinsel«. Der See ist einer der saubersten bayerischen Badeseen und das, obwohl der Wasseraustausch nur langsam vonstatten geht; er dauert etwa acht Jahre.

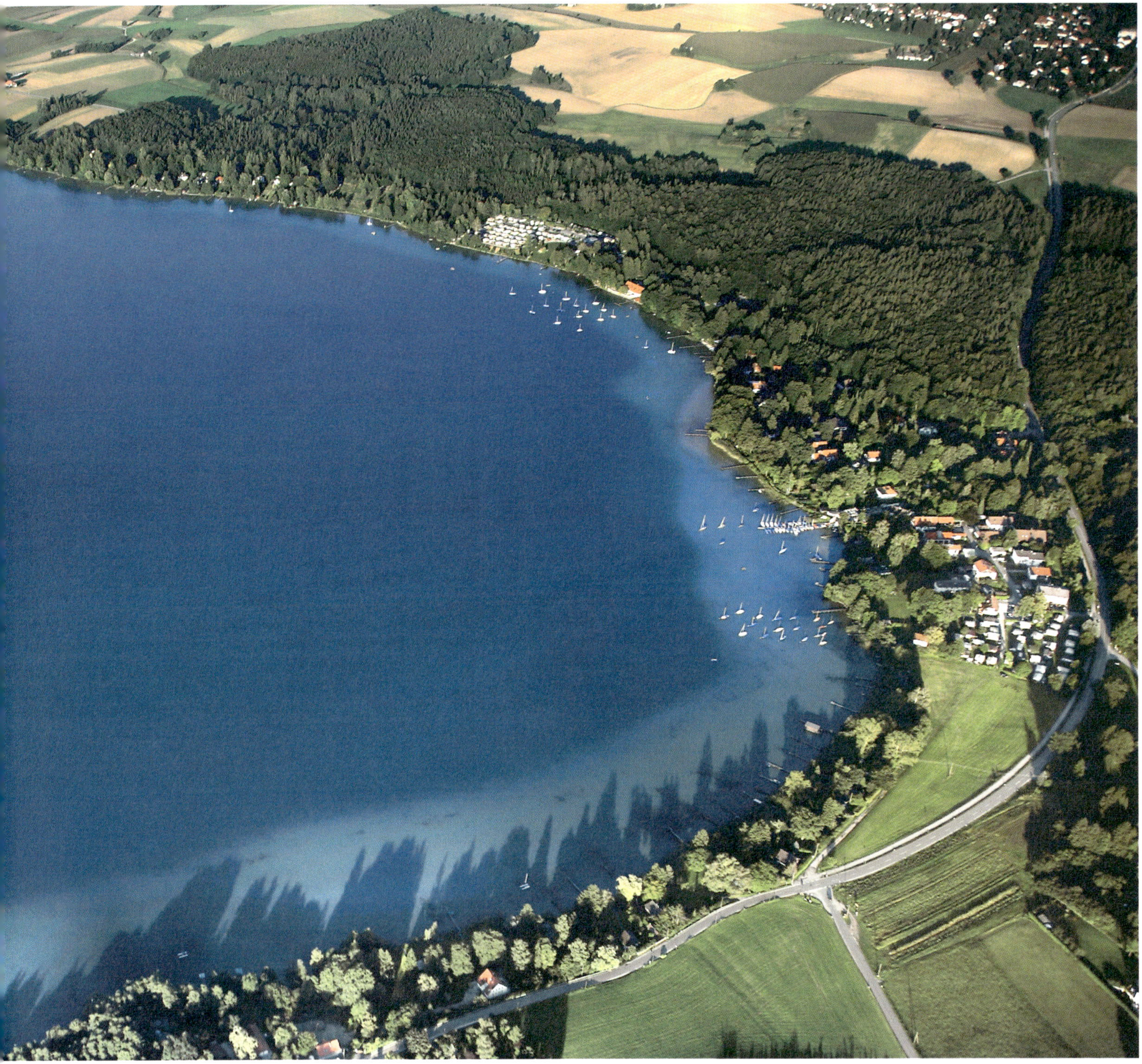

Gemeindenamen den Namen des Sees. Im Gemeindewappen symbolisiert ein blauer Wellenbalken samt Fisch den Wörthsee, die heraldische rote Rose wurde aus dem Wappen der Grafen von Toerring-Seefeld entliehen (zu deren Grundbesitz der See ehedem gehörte), für Etterschlag stehen die Farben Silber und Blau im oberen Wappenteil.

Etterschlag ist vielen als Autobahnausfahrt der A 93 bekannt. Der Ort wurde schon 805 als »Etinnesloch« urkundlich genannt; vielleicht gab es aber auch römische Wurzeln, schließlich verlief hier die Römerstraße

Obwohl die Mausinsel im Wörthsee so nah am Festland liegt, ist sie an einer merkwürdig ungünstigen Stelle durch einen sehr langen Holzsteg damit verbunden.

zwischen Augsburg und Salzburg. Besonders stolz ist man auf Joachim Königbauer (1849–1933), den wohl berühmtesten Sohn des Orts; als zwölftes Kind einer Bauernfamilie geboren, brachte er es im Jahr 1900 zum Leiter der Lehrerbildungsanstalt Würzburg. Er veröffentlichte 1933 seine Erinnerungen »Aus meiner Jugendzeit« und schuf damit ein authentisches Zeugnis des Dorflebens zur Mitte des 19. Jahrhunderts.

Inning am Ammersee hat den Ammersee zwar im Ortsnamen, liegt aber viel näher am Wörthsee. Eine Eichstätter Bischofsurkunde aus dem Jahr 912 verweist auf das weit über tausendjährige Alter, damals hieß die Ansiedlung »Uninga«. Inning könnte noch viel älter sein, schließlich wurde in der Nähe eine römische Brücke gefunden. Im Mittelalter bezogen die Inninger ihren Wohlstand aus dem Salzhandel, hier zogen über Jahrhunderte die Kaufmannswagen westwärts; das Gemeindewappen weist denn auch ein silbernes Salzfass mit goldenen Reifen auf (die beiden roten Rosen über dem Fass deuten auf eine Adelsfamilie hin). Wie viele andere Dörfer hatte auch Inning während des Österreichischen Erbfolgekrieges (1740–1748) seinen Tribut zu zahlen, die gotische Taufkirche wurde ein Opfer der Flammen. Damals hatte der bayerische Kurfürst Karl Albrecht (1697–1745) hoch gepokert und aus eigennützigen Erwägungen die Ernennung der Erzherzogin Maria Theresia von Österreich zur Kaiserin abgelehnt (seine Begründung war, dass nur männliche Thronfolgen möglich seien!). Vielmehr hatte er sich 1742 selbst zum Kaiser krönen lassen.

Der Wörthsee ist heute in Privateigentum, nur an drei Stellen (wie hier auf der Hechendorfer Seite) ist er nennenswert bebaut.

Schon am Tag der Krönung marschierten österreichische Truppen in Bayern ein, Karl Albrecht wurde ein Kaiser ohne Land. In den Folgejahren hielten die österreichischen Truppen Bayern besetzt. Erst mit dem frühen Tod Karl Albrechts im Januar 1745 endete das weltpolitische Desaster Kurbayerns und Maria Theresia ergriff das Zepter der Macht. Die Inninger mussten sich eine neue Kirche bauen, es entstand die heutige Pfarrkirche mit ihren doppelten Zwiebeltürmen.

WESSLINGER SEE

Der Weßlinger See ist, wie nicht anders zu erwarten, ein See bei Weßling. Es ist der mit Abstand kleinste See des Fünfseenlandes. Sein Umfang misst nur 3 Kilometer (zum Vergleich: der Starnberger See kommt auf 46 Kilometer); er ist maximal 12 Meter tief und seine Fläche summiert sich auf 0,17 Quadratkilometer. Er liegt schön in die Landschaft eingebettet und ist ein ganz besonderer See: Einerseits hat er eine nahezu kreisrunde Form, andererseits ist er ein gänzlich isolierter See, will heißen, er besitzt keinen natürlichen Zu- oder Abfluss; ausschließlich unterirdische Quellen sorgen für seinen Erhalt. Wie alle anderen Seen des Fünfseenlandes hat er seinen Ursprung in der Eiszeit. Man geht von einem Toteisloch als Entstehungsursache aus.

Weßling weist sich mit seiner Namensendung als typische bajuwarische Siedlung aus. Um

Eine Filialkirche der Pfarrei Zum Heiligen Abendmahl in Steinebach (unten) ist die barocke Martinskirche (oben) im selben Ort. Das Dorf gehört zur Gemeinde Wörthsee, die 1972 durch Zusammenlegung der Gemeinden Etterschlag und Steinebach entstand. Der blaue Wellenbalken und der blaue Fisch im Gemeindewappen versinnbildlichen den Gemeindenamen Wörthsee, die rote Rose verweist auf die historische Zugehörigkeit Steinebachs zur Herrschaft Seefeld der Grafen Toerring.

400 war die Implosion des am Ende multikulturellen Römereichs nicht mehr aufzuhalten, eine tolerant-naive Einwanderungspolitik hatte die Römer zur Minderheit im eigenen Land werden lassen. Kaum jemand nahm noch seine Pflichten als Staatsbürger wahr und setzte sich für die römische Sache ein, hauptsächlich war man Konsument. Im Jahr 476 erledigte sich das Römerreich schließlich

Das Gut Delling ist im Besitz der Landeshauptstadt München. Der bajuwarische Name und die denkmalgeschützte Georgskapelle weisen auf ein hohes Alter des Weilers hin. Um die ehemalige Burg Delling hatten sich die Andechser und Wittelsbacher heftig gestritten, diese war dabei 1243 zerstört worden. Heute sind die für die Landwirtschaft nicht mehr benötigten Gebäude vermietet, beispielsweise an eine Elektronikfirma.

von selbst, ein gotischer Migrant übernahm die Macht. Manche Historiker sehen Europa deswegen um gut tausend Jahre zurückgeworfen und mit einen eineinhalb Jahrtausende währenden Bürgerkrieg überzogen, bis sich eine neue europaüberspannende Ordnung etablieren konnte. Ins Fünfseenland wanderten damals die Bajuwaren ein; ihr Siedlungsgebiet umschloss neben Altbayern bald einen Großteil Österreichs und Südti-

Der Weßlinger See ist als einziger des Fünfseenlandes rundum bebaut, die Ortschaft Weßling schließt ihn sozusagen in ihre Arme.

rols – und es wurde Teil des Ostgotenreichs. Um das Jahr 555 ist schließlich die Existenz eines bayerischen Stammesherzogtums mit Sitz in Freising belegt. Woher die Bajuwaren letztlich gekommen waren, ist unsicher. Die oft beschworenen multikulturellen Wurzeln sind aber nicht sonderlich wahrscheinlich, sonst hätte sich schwerlich derartig schnell ein stabiles homogenes Stammesherzogtum herausbilden können. Die damaligen Erstgründungen jedenfalls sind noch heute an ihrer Namensendung »-ing« zu erkennen, Weßling gehört dazu.

Oberpfaffenhofen ist heute ein Ortsteil der Gemeinde Weßling, bekannt vor allem durch den Flugplatz Oberpfaffenhofen und eine Reihe von Forschungsinstituten. Der Flugplatz wurde 1936 als Werksflughafen der Dornier-Werke gebaut und dient heute als Sonderflugplatz, an dem eine Reihe renommierter Unternehmen der Luft- und Raumfahrt angesiedelt sind; hier befindet sich eines der drei Bodenkontrollzentren des europäischen Satellitennavigationssystems »Galileo«. Man plant sogar seit einiger Zeit, den Flugplatz zu erweitern und damit auch seine Betriebszeiten deutlich zu verlängern. Dagegen hat sich inzwischen massiver Widerstand aus der Bevölkerung formiert und in mehreren Bürgerinitiativen manifestiert. Dem hat sich inzwischen der Starnberger Kreistag angeschlossen, man möchte den Wert des Naherholungsgebietes Fünfseenland nicht gefährdet sehen: Fluglärm von einigen Wenigen soll zumindest am Wochenende nicht die Ruhe erholungs-

Das »ing« im Ortsnamen von Weßling weist das Dorf als urbajuwarische Siedlung aus. Weßling war folglich schon im 12. Jahrhundert, als es zur Herrschaft der Grafen von Andechs-Meranien gehörte, ein altes Pfarrdorf.

suchender Städter stören dürfen. Natur hat im Fünfseenland einen Eigenwert erlangt, der zunehmend vehement verteidigt und nicht mehr achselzuckend dem fragwürdigen Wirtschaftswachstum geopfert wird.

Die Vogelperspektive bietet Einblicke in ansonsten versteckte Winkel am Ufer des Weßlinger Sees. Brav nebeneinander aufgereihte Bootshäuser lassen darauf schließen, dass der Wassersport auch auf diesem kleinen See eine große Rolle spielt.

Natur- und Umweltschutz

Der Verein »Naturparkinitiative Fünfseenland« verfolgt intensiv das Ziel einer Schaffung eines Naturparks. Von dieser Initiative werden verschiedene Argumente für die Vorteile einer Naturparkgründung angeführt: (1) Die regionale Identität und die Verbundenheit mit der Heimat würde gestärkt werden; man erhofft sich besonders, dass mit dem Qualitätsmerkmal Naturpark ein pfleglicher und verantwortungsvoller Umgang mit dem Reichtum der Region sicherzustellen wäre. (2) Ein Naturpark würde den Erhalt der kulturellen Tradition vereinfachen. (3) Das Umweltbewusstsein könnte durch gezielte Umweltbildung, Informations- und Öffentlichkeitsarbeit zu pflegen und zu stärken sein. (4) Ein ökologisch und sozial verträglicher Tourismus würde leichter in Einklang mit den Interessen der Bevölkerung zu bringen sein. Statt noch mehr Tagesausflügler anzuziehen, könnte ein nachhaltiger, naturbezogener Tourismus stärker zum Tragen kommen. (5) Eine gezielte Lenkung der erholungssuchenden Besucher wäre eher möglich und empfindliche Naturbereiche wie Vogelbrutplätze wären somit einfacher zu schützen. (6) Naturschonend und nachhaltig arbeitende Landwirtschaft würde eine größere Anerkennung erfahren. (7) Regionale Erzeuger hätten bei der Vermarktung ihrer Produkte ein regionales Markenzeichen. (8) Umweltverträgliche Verkehrskonzepte hätten einen höheren Stellenwert. (9) Planungen von Kommunen, Behörden und Organisationen wären leichter zu koordinieren und (10) ein Naturpark würde lokale Arbeitsplätze sichern

Allein schon das Ausmaß des Campingplatzes am Wörthsee sagt viel über die Beliebtheit des Sees aus (oben).
Der weitere Uferbereich ist sehr oft landwirtschaftlich genutzt (unten).

und damit die Lebensqualität der Bewohner der Region weiter verbessern. Doch es wird noch ein weiter Weg zum ersten oberbayerischen Naturpark südlich der Donau sein! Kultur und Natur gehören zusammen. Beide sind zu schützen, beide sind zu achten. Dennoch verachten wir wie selbstverständlich einen Kulturbanausen, ein Natur-Banausentum lassen wir als »Kavaliersdelikt« durchgehen. Ohne die Nutzung der Natur

Aus der Vogelperspektive lässt sich die Bewirtschaftungsgrenze im Osterseegebiet leicht ausmachen.

hätten unsere Vorfahren keine Kulturgüter schaffen können. Aber der Schutz des einen kann ohne die Berücksichtigung des anderen nicht erfolgen. Seit einigen Generationen jedoch gibt es zwei massive Bedrohungen dieser stillschweigenden Vereinbarung. Erstens verfügen wir heute über die technischen Mittel, nahezu alles mit der Natur machen zu können. Zweitens ist unsere schiere Anzahl auf ein Vielfaches gegen-

Wie hier an einem Abschnitt des Starnberger Sees könnte ein tragfähiges Nutzungskonzept aussehen: der engere Uferbereich naturbelassen und dennoch einen Zugang zum See offen lassen.

Seite 103:
Die vielen Boote im See hinterlassen idealerweise kaum ökologische Fußabdrücke. Uferbereiche sind dagegen meist intensiv genutzt, manchmal auch dem Sport gewidmet, wie hier auf Höhe der Roseninsel am Starnberger See.

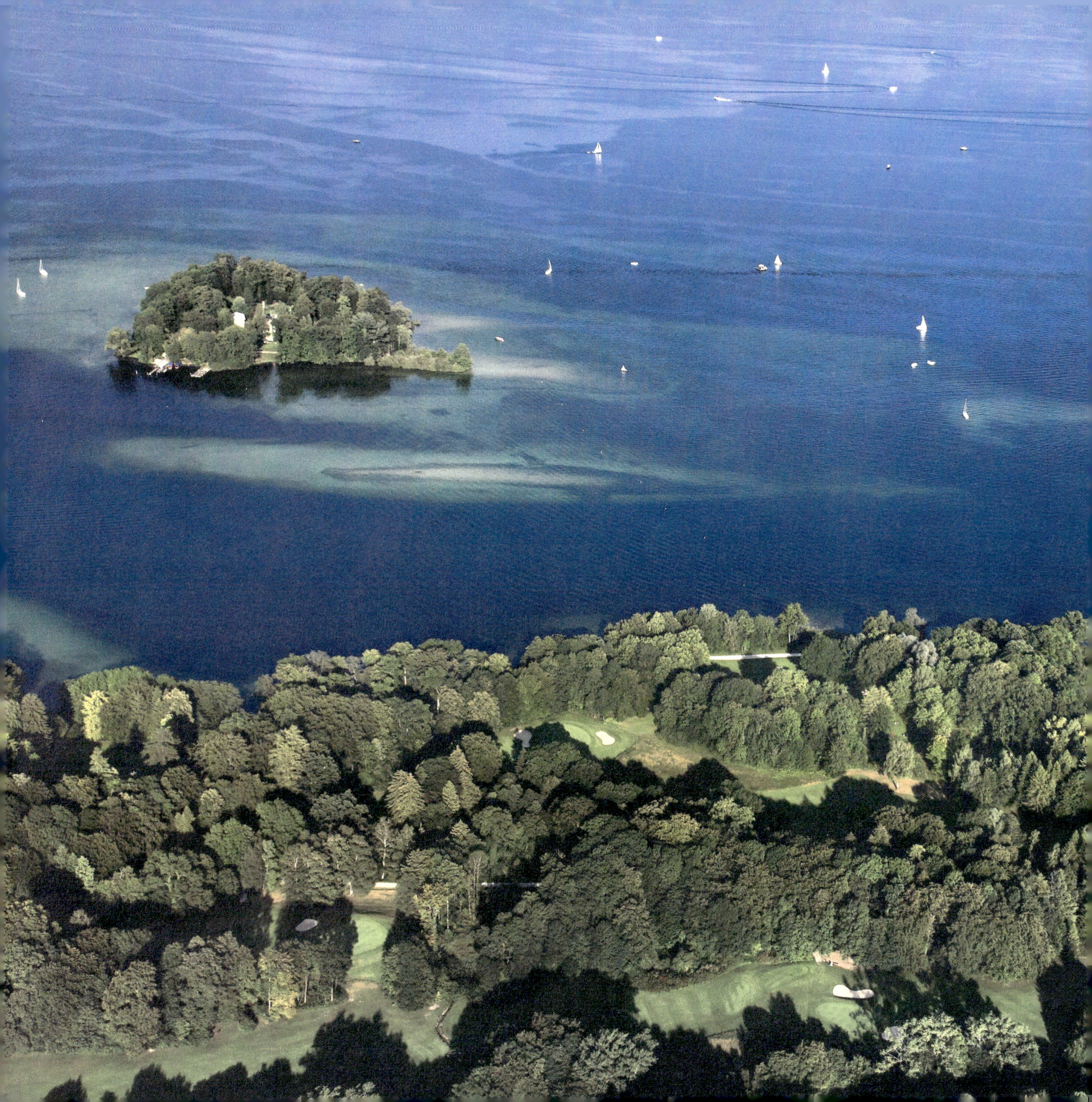

über früher angestiegen. Selbst wenn wir uns noch so umweltfreundlich verhalten: Unsere ökologischen Fußabdrücke zertreten und verbrauchen Natur. Wer ein sonniges Wochenende an einem der Seen des Fünfseenlandes verbringt, braucht nicht weiter auf die Brisanz unseres Bevölkerungsdrucks aufmerksam gemacht werden. Wir leisten uns in Deutschland eine dreimal so hohe Bevölkerungsdichte wie etwa die Türkei, eine gut doppelt so hohe wie Österreich, Frankreich oder die Schweiz. Das hat selbstverständlich Folgen für unsere Umwelt. Wir müssen daher

Am Nordufer des Ammersees ist oft ein Streifen der Natur reserviert, bevor die landwirtschaftliche Nutzung beginnt.

zulassen, dass unser Land endlich beginnt, seine »Hausaufgaben« zu machen und sich zumindest in den Bevölkerungszahlen keine Zuwachsraten mehr leistet.

Hinsichtlich des Klimaschutzes könnte die Klimaregion Fünfseenland eine wegweisende Rolle spielen. Der Klimaschutz ist schließlich eine der zentralen Herausforderungen des gegenwärtigen Jahrhunderts. Konkret heißt dies, unsere sklavische Abhängigkeit von Energieimporten zu verringern und gleichzeitig unsere CO_2-Emissionen schnell und drastisch zu reduzieren. Ganz Bayern weist derzeit achtzehn Naturparks auf, der überwiegende Teil (nämlich sechzehn) liegt in Nordbayern. Schon dieses krasse Ungleichgewicht deutet auf ein anderes politisches Koordinatensystem in Oberbayern hin. Dabei ist Oberbayern sicherlich keine arme Natur- und Kulturlandschaft, der eine regionale Identität fehlen würde, deren kulturelles Erbe spärlich wäre und deren Tourismus sich nicht umweltverträglich gestalten ließe. Offensichtlich fehlen jedoch politische Mehrheiten für die Ausweisung von Naturparks. Im Falle des Fünfseenlandes ist es wohl vor allem der Subventionsadel der Landwirtschaft, der sich massiv gegen eine Ausweisung positioniert und Natur als bloße Verfügungsmasse privater Entscheidungen ansieht.

Nach Artikel 11 des Bayerischen Naturschutzgesetzes können nur großflächige Gebiete den Status eines Naturparks erhalten, sie müssen hierzu überwiegend unter Landschaftsschutz stehen und sich für umweltverträgliche Erho-

Die Ammermündung (oben) und das Ammermoos (unten) gehören der Natur, sie waren für eine landwirtschaftliche Nutzung zu unrentabel und konnten sich so als wichtige Trittsteine der Naturbelassenheit in unsere Zeit retten.

lungsformen besonders eignen. Man kann sich daher nur wundern, warum Oberbayern nicht voller Naturparks ist, die Voraussetzungen wären mehr als erfüllt. Bremsen zu viele Privatinteressen den eigentlich selbstverständlichen Schutzgedanken? Es wäre daher längst überfällig, dass sich die Menschen in Oberbayern zusammentun, um dies endlich zu ändern.

Verschiedene Bürgerinitiativen haben uns vor

Das Ostufer des Ammersees ist oft landwirtschaftlich genutzt.

Augen geführt, dass das Mündel nicht mehr duldsam die Anweisungen des ewig besserwisserischen Vormundes entgegennimmt. Zu oft haben unsere gewählten Vertreter in ihren behäbigen Vorortvillen und Großbauernhöfen bewiesen, dass sie ohne stete Kontrolle des »Souveräns Volk« zu leicht nach der Pfeife irgendwelcher Interessengruppen zu tanzen beginnen. Natürlich ist es bequemer, bloßer Konsument statt engagierter Staatsbürger zu sein; doch ein Bayernland, das pro Tag immer noch eine Fläche von dreiundzwanzig Fußballfeldern zubetoniert bekommt, braucht wahrlich erheblich mehr engagierte Bürger! Es wäre höchste Zeit, jeden Tag mit Mahnwachen vor Rathäusern und Ministerien sicherzustellen, dass Bayern auch für künftige Generationen lebenswert bleibt. Unsere Bevölkerungszahlen hätten wir ja endlich im Griff, wir werden gottlob endlich nicht mehr immer zahlreicher! Wenn wir es nun auch noch schaffen würden, jeden Tag der Natur wieder einige wenige Fußballfelder zurückzugeben, statt ihr immer neue Flächen wegzunehmen, hätten wir eine nachhaltige Lebensweise erreicht.

Im Fünfseenland werden diese »Hausaufgaben« vielleicht schneller erledigt werden können. Die Naturparkinitiative Fünfseenland lässt hoffen, dass die Bürger ihren gewählten Vertretern zunehmend auf die Finger schauen, damit diese das nachhaltige Wohl der Mehrheit im Auge behalten. Die Mehrheiten für einen konsequenten Naturschutz wären schon da, die antiquierten »Reaganomics«-Botschaften (dass mit der Zahl der Milliardäre automatisch auch das

Wo immer es sich anbietet, findet man Stege in den Ammersee, sei es um einen Zugang zu sichern oder um Boote festzumachen.

Allgemeinwohl steigt) werden gottlob von immer weniger Mitbürgern für bare Münze genommen. Im Naturschutz gewinnt der altbekannte Satz des französischen Staatsmannes Talleyrand (1754–1838) zunehmend an Gültigkeit: »Hier zieht mein Volk, ich muss ihm nach, ich bin sein Führer.« Ein Naturpark kann nicht das Produkt eines bloßen Regierungserlasses sein, er muss durch demokratische Mehrheiten aus der Region erwachsen. Unsere Umwelt im Allgemeinen und das Fünfseeland im Speziellen hätten es wahrlich verdient: Setzen wir uns ein!

Das Ampermoos ist durch die stark begradigte und künstlich eingetiefte Amper stark austrocknungsgefährdet. Erst seit kurzem versucht man dem entgegenzuarbeiten und durch Grundwasserspiegel-Anhebungen eine langsame Wiedervernässung zu erreichen.

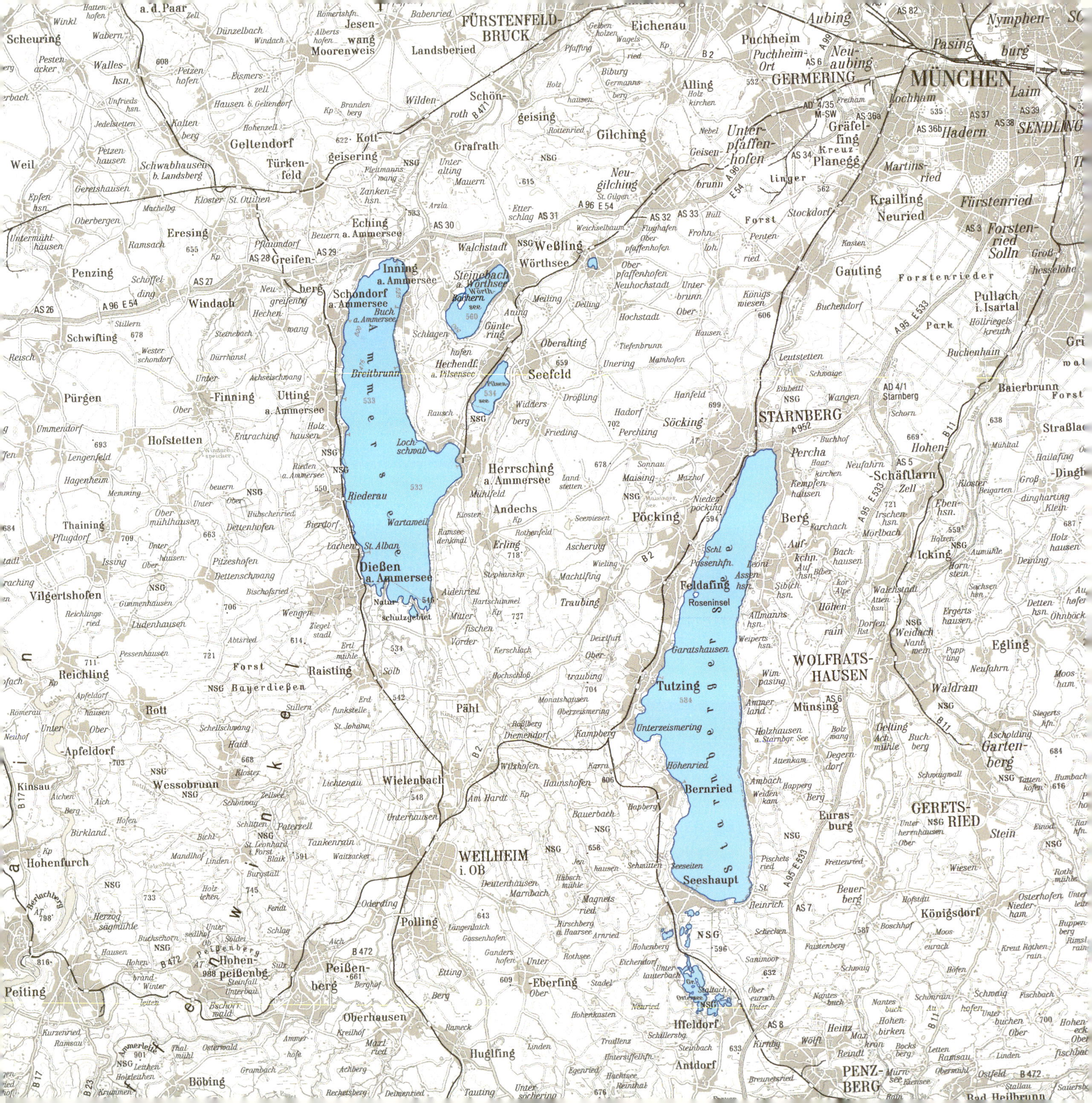

FÜRSTENFELD-BRUCK
MÜNCHEN
Pasing
Nymphenburg
Laim
SENDLING
Hadern
Gräfelfing
Planegg
Martinsried
Krailling
Neuried
Fürstenried
Forstenried
Solln
Großhesselohe
Pullach i. Isartal
Puchheim
Puchheim-Ort
GERMERING
Neuaubing
Aubing
Eichenau
Alling
Gilching
Neugilching
Unterpfaffenhofen
Geisenbrunn
Stockdorf
Gauting
Weßling
Wörthsee
Steinebach a. Wörthsee
Wörthsee
Hechendorf a. Pilsensee
Pilsensee
Seefeld
Oberalting
Inning a. Ammersee
Schondorf a. Ammersee
Eching a. Ammersee
Greifenberg
Windach
Utting a. Ammersee
Finning
Breitbrunn
Ammersee
Herrsching a. Ammersee
Andechs
Erling
Riederau
Dießen a. Ammersee
St. Alban
Natur-schutzgebiet
Raisting
Pähl
Wielenbach
WEILHEIM i. OB
Polling
Peißenberg
Hohenpeißenberg
Peiting
Hohenfurch
Wessobrunn
Rott
Reichling
Hofstetten
Pürgen
Penzing
Eresing
Geltendorf
Türkenfeld
Moorenweis
Jesenwang
Landsberied
Schöngeising
Grafrath
Kottgeisering
Wildenroth
STARNBERG
Percha
Söcking
Pöcking
Maising
Feldafing
Roseninsel
Possenhofen
Garatshausen
Tutzing
Unterzeismering
Höhenried
Bernried
Seeshaupt
Starnberger See
Berg
Münsing
Ammerland
Ambach
Eurasburg
WOLFRATSHAUSEN
Icking
Schäftlarn
Baierbrunn
Egling
Waldram
GERETSRIED
Königsdorf
Iffeldorf
Antdorf
PENZBERG
Huglfing
Eberfing
Oberhausen
Böbing
Traubing
Machtlfing
Kampberg
Kerschlach
Diemendorf
Pfaffenwinkel
Lech
Bayerdießen
Forst